1 アルファベットが書かれた紙がおれています。もとのアルファベットを考えて書きましょう。

（60点）1つ15

(1) 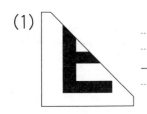 ————————

(2)  ————————

(3)  ————————

(4)  ————————

2 アルファベットの大文字を順番にたどって，ゴールにたどり着きましょう。（40点）

じゅんばん

★スタート★
↓

A	R	I	J	K	N	X	L	Q	H
B	G	J	I	L	S	V	W	F	B
C	D	E	H	M	N	P	D	W	X
B	O	F	G	P	O	T	U	V	Y
K	M	T	Y	Q	R	S	Q	X	Z

↓
★ゴール★

アルファベットの大文字と小文字はセットで覚えよう。

1 正しいアルファベットの順番（じゅんばん）になるように，＿＿＿ に入るアルファベットの大文字を書きましょう。

（40点）1つ10

(1) A ＿＿＿ C

(2) E ＿＿＿ G

(3) I ＿＿＿ K

(4) P ＿＿＿ R

2 次の文字がアルファベット順（じゅん）になるようにならべ かえて書きましょう。（60点）1つ15

(1) FCEGD ＿＿＿＿＿＿

(2) NJLKM ＿＿＿＿＿＿

(3) SQURT ＿＿＿＿＿＿

(4) VZXWY ＿＿＿＿＿＿

アルファベットの正しい順番を
覚えよう。

アルファベットの復習（小文字）

1 アルファベットの大文字と小文字がペアになるように，□から選んで＝＝＝に書きましょう。

（60点）1つ10

(1) A ＿＿＿＿＿＿

(2) E ＿＿＿＿＿＿

(3) N ＿＿＿＿＿＿

(4) P ＿＿＿＿＿＿

(5) T ＿＿＿＿＿＿

(6) V ＿＿＿＿＿＿

| a c e h n p q t u v |

2 a から z までのアルファベットを順に線で結んで，絵を完成させましょう。（40点）

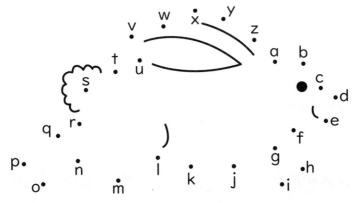

大文字と小文字を区別して覚えよう。

1 次のアルファベットの大文字を小文字に直しましょう。(48点) 1つ8

(1) B ＿＿＿　(2) D ＿＿＿　(3) J ＿＿＿

(4) N ＿＿＿　(5) V ＿＿＿　(6) Z ＿＿＿

2 次の文字がアルファベット順になるようにならべかえて書きましょう。(52点) 1つ13

(1) ghfie ＿＿＿＿＿＿＿＿

(2) mlonk ＿＿＿＿＿＿＿＿

(3) psrtq ＿＿＿＿＿＿＿＿

(4) yuxwv ＿＿＿＿＿＿＿＿

形のにている大文字と小文字に注意しよう。

5 単語の練習（数）

1 単語をなぞって練習しましょう。(80点) 1つ8

(1) 1, 1つ

one

(2) 2, 2つ

two

(3) 3, 3つ

three

(4) 4, 4つ

four

(5) 5, 5つ

five

(6) 6, 6つ

six

(7) 7, 7つ

seven

(8) 8, 8つ

eight

(9) 9, 9つ

nine

(10) 10

ten

1から10まで、何度も声に出して練習しよう。

2 英語で書かれた数字の数だけ〇に色をぬりましょう。(20点) 1つ10

(1) four　⬤〇〇〇〇〇〇〇〇〇

(2) seven　〇〇〇〇〇〇〇〇〇〇

6 単語の練習（曜日）

1 単語をなぞって練習しましょう。（84点）1つ12

(1) 月曜日

(2) 火曜日

(3) 水曜日

(4) 木曜日

(5) 金曜日

(6) 土曜日

Saturday

(7) 日曜日

Sunday

> Monday から Sunday まで，声に出して練習しよう。

2 カレンダーに入る曜日を英語で書きましょう。（16点）

Sunday		Tuesday
1	2	3

答えは112ページ

1 単語をなぞって練習しましょう。（70点）1つ10

(1) リンゴ

apple

(2) バナナ

banana

(3) オレンジ

orange

(4) ケーキ

cake

(5) チョコレート

chocolate

(6) プリン

pudding

(7) カレーライス

curry and rice

2 次の絵に合う食べ物の名前を英語で書きましょう。

（30点）1つ15

(1)

(2)

好きな食べ物のつづりを覚えよう。

単語の練習
（スポーツ，動物）

月　　日

得点

点　/ 合かく **80**点

---

1 単語をなぞって練習しましょう。（80点）1つ10

(1) 野球

baseball

(2) サッカー

soccer

(3) 水泳

swimming

(4) イヌ

dog

(5) ネコ

cat

(6) 鳥

bird

(7) ゴリラ

gorilla

(8) ハムスター

hamster

2 次の絵に合うスポーツや動物の名前を英語で書きましょう。（20点）1つ10

(1)

(2)

答えは112ページ ☞

9 あいさつ，～が好きです

1 文をなぞって練習しましょう。 (60点) 1つ15

(1) こんにちは。

Hello.

(2) ありがとうございます。

Thank you.

(3) わたしはリンゴが好きです。

I like apples.

(4) わたしはイヌが好きです。

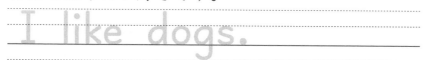

I like dogs.

2 次の絵の中の人物が好きなものは何ですか。
[　　]から2つ選んで〇で囲みましょう。 (40点) 1つ20

I like cats.
I like cakes.

[チョコレート　イヌ
ネコ　ケーキ]

1 文をなぞって練習しましょう。(80点) 1つ20

(1) これは何ですか。

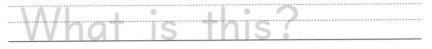
What is this?

(2) これはボールです。

This is a ball.

(3) あなたはだれですか。

Who are you?

(4) わたしはタクヤです。

I am Takuya.

2 次の絵の中の人物のことばに合う英語を選び、[　]から正しい方を選んで〇で囲みましょう。(20点)

[
Who are you?

What is this?
]

答えは112ページ☞

11 今日の天気は？

1 単語や文をなぞって練習しましょう。（60点）1つ12

(1) 天気

weather

(2) 晴れの

sunny

(3) くもりの

cloudy

(4) 雨の

rainy

(5) 今日は晴れです。

It is sunny today.

2 次の絵を見て，各地の天気を表す英語を選んで〇で囲みましょう。（40点）1つ20

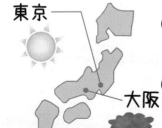

東京

大阪

(1) 東京の天気

[sunny　　cloudy　　rainy]

(2) 大阪の天気

[sunny　　cloudy　　rainy]

12 いくつかな？ 何時ですか？

1 文をなぞって練習しましょう。（60点）1つ20

(1) あなたはボールをいくつ持っていますか。

(2) 今，何時ですか。

(3) 9時30分です。

2 次の絵を見て，質問（しつもん）の答えに合う数字を ＝＝＝ に英（えい）語で書きましょう。（40点）1つ20

(1) How many apples?

_____ apples.

(2) What time is it now?

It is _____ forty.

数字を使って，ものの数や時刻を表してみよう。

12

答えは112ページ

〜を持っていますか？
〜を持っています。

得点

月　日

点／合かく 80点

1 単語や文をなぞって練習しましょう。（60点）1つ15

(1) えんぴつ

pencil

(2) 消しゴム

eraser

(3) あなたはペンを持っていますか。

Do you have a pen?

(4) わたしは本を持っています。

I have a book.

2 絵と，その内容に合う文とを線でつなぎましょう。

（40点）1つ20

(1)  ・

・ I have a pencil.

・ I have an eraser.

(2)  ・

・ I have a book.

1 単語や文をなぞって練習しましょう。(60点) 1つ15

(1) ジュース

___juice

(2) 食べ物

___food

(3) あなたは何がほしいですか。

What do you want?

(4) わたしは水がほしいです。

I want water.

2 絵と，その内容に合う文とを線でつなぎましょう。

(40点) 1つ20

(1)

・

・ I want food.

・ I want a pencil.

(2)

・

・ I want water.

答えは112ページ

1 筆算で計算しましょう。(90点) 1つ15

❶ 84÷7　　❷ 48÷2　　❸ 95÷5

❹ 52÷3　　❺ 99÷4　　❻ 80÷6

2 50このクッキーを3人で同じ数ずつ分けます。
1人分は何こになって, 何こあまりますか。(10点)

[　　　　　　　　　　　　　　　　　]

16 わり算の筆算 ②

1 筆算で計算しましょう。（90点）1つ15

❶ 448÷4　　❷ 675÷3　　❸ 517÷4

❹ 384÷6　　❺ 428÷4　　❻ 302÷7

2 色紙が248まいあります。9まいずつふくろに
つめると，何ふくろできて，何まいあまりますか。

（10点）

[　　　　　　　　　　　　　　　　　　　　　　]

1 下の折れ線グラフを見て，答えましょう。

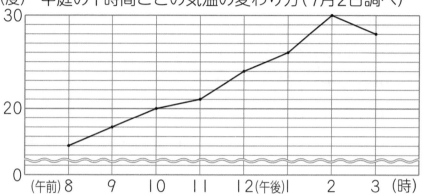

(度)　中庭の1時間ごとの気温の変わり方(7月2日調べ)

(午前)8　9　10　11　12(午後)1　2　3（時）

(1) 午前11時から12時までに
何度上がりましたか。(25点)　[　　　　　　　]

(2) 気温の変わり方がいちばん大きかったのは，何時
から何時までの1時間で，何度ですか。(25点)

[　　　　　　　　　　　　　]

(3) 6月10日調べの，中庭の1時間ごとの気温の変
わり方を表す折れ線グラフを，上のグラフにかき
ましょう。(50点)

中庭の1時間ごとの気温の 変わり方 (6月10日調べ)

時こく (時)	午前 8	9	10	11	12	午後 1	2	3
気温 (度)	17	17	19	20	22	25	27	26

1 ひろとさんのクラスの36人に, 家にパソコンとゲーム機があるかどうかを調べました。(100点)1つ20

		\multicolumn{3}{c}{パソコン}
		ある	ない	合計
ゲーム機	ある	3人	⑦ 7人	
	ない	21人		
	合計			

(1) 表のあいているところにあてはまる人数を書きましょう。

(2) 両方ともある人は何人ですか。

[　　　　　　　]

(3) 両方ともない人は何人ですか。

[　　　　　　　]

(4) 表の中の⑦の7人は, どのような人ですか。

[　　　　　　　　　　　　　]

(5) パソコンが家にある人は何人ですか。

[　　　　　　　]

答えは113ページ ☞

1 □ にあてはまる数を書きましょう。（20点）1つ10

❶ 直角は □ 度です。

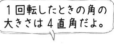
1回転したときの角の大きさは4直角だよ。

❷ 1回転の角度は □ 度です。

2 分度器を使って，次の角の大きさをはかりましょう。（80点）1つ20

❶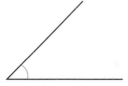

❷

[　　　　　]　　　　　[　　　　　]

❸

❹

[　　　　　]　　　　　[　　　　　]

月　日

得点

点／合かく 80点

1 あ，い，うの角度を計算で求めましょう。 (30点) 1つ10

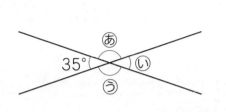

あ [　　　　　　　　　　]

い [　　　　　　　　　　]

う [　　　　　　　　　　]

2 アの点を中心にして，次の角をかきましょう。

(10点) 1つ5

❶ 75°

❷ 300°

ア ────────

ア ────────

3 １組の三角じょうぎを組み合わせてつくることができるあ，い，うの角の大きさは何度ですか。

(60点) 1つ20

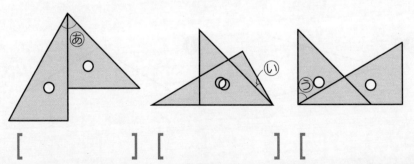

[　　　　] [　　　　] [　　　　]

答えは114ページ☞

21 1億より大きい数 ①

1 下の数について答えましょう。（60点）1つ20

7248951060300

(1) 7は何の位の数字ですか。　　[　　　　　]

(2) 一億の位の数字は何ですか。　[　　　　　]

(3) この数の読み方を漢字で書きましょう。

[　　　　　　　　　　　　　　　　　　]

2 数字で書きましょう。（40点）1つ10

❶ 二百五十一億八千三百万

[　　　　　　　　　　　]

❷ 六千二億三百五万

[　　　　　　　　　　　]

❸ 十二兆三十一億七百一万

[　　　　　　　　　　　]

❹ 四兆五億

[　　　　　　　　　　　]

1 数字で書きましょう。（60点）1つ15

① 1兆を20こと，1億を150こと，1万を103こあわせた数

[　　　　　　　　　　]

② 1億を7こと，100万を3こと，1万を4こあわせた数

[　　　　　　　　　　]

③ 1000億を60こ集めた数

[　　　　　　　　　　]

④ 1000万を100こ集めた数

[　　　　　　　　　　]

2 次の数を書きましょう。（40点）1つ10

① 82億を10倍した数　[　　　　　　　　　　]

② 403億を100倍した数　[　　　　　　　　　　]

③ 35億を10でわった数　[　　　　　　　　　　]

④ 2兆を10でわった数　[　　　　　　　　　　]

答えは114ページ

わり算の筆算 ③

1 筆算で計算しましょう。（90点）1つ15

❶ 72÷12　　❷ 63÷21　　❸ 96÷12

❹ 99÷11　　❺ 39÷13　　❻ 90÷15

2 1まいの板を打ちつけるのにくぎを13本使います。52本のくぎでは, 何まいの板を打ちつけることができますか。（10点）

[　　　　　　]

24 わり算の筆算 ④

1 筆算で計算しましょう。(90点) 1つ15

❶ $93 \div 14$　❷ $85 \div 23$　❸ $70 \div 17$

❹ $59 \div 12$　❺ $63 \div 15$　❻ $89 \div 27$

2 91 cm のテープがあります。18 cm ずつ切ると,
テープは何本とれて, 何 cm あまりますか。(10点)

あまりの大きさ
に注意しよう。

[　　　　　　　　　]

25 わり算の筆算 ⑤

1 筆算で計算しましょう。（90点）1つ15

① $316 \div 79$　② $144 \div 16$　③ $702 \div 78$

④ $113 \div 18$　⑤ $236 \div 37$　⑥ $490 \div 59$

2 画用紙が418まいあります。4年生69人に同じ数ずつ配ると，1人分は何まいになって，何まいあまりますか。（10点）

[　　　　　　　　　　　　　　　　]

26 わり算の筆算 ⑥

1 筆算で計算しましょう。(90点) 1つ15

❶ 836÷22　　❷ 672÷16　　❸ 462÷21

❹ 867÷51　　❺ 398÷23　　❻ 708÷31

2 あきさんの学校の児童数(じどうすう)は 718 人です。25 人ず
つグループをつくると, 何グループできて, 何人あ
まりますか。(10点)

[　　　　　　　　　　　　　　　　]

答えは115ページ☞

垂直と平行 ①

1 □にあてはまることばを書きましょう。(20点) 1つ10

❶ ２本の直線が交わってできる角が直角のとき，この２本の直線は □ であるといいます。

❷ １本の直線に垂直な２本の直線は，□ であるといいます。

２本の直線の関係をたしかめよう。

2 ㋐〜㋘の直線があります。(80点) 1つ40

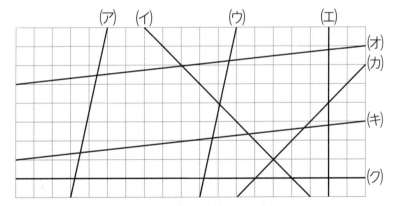

(1) 垂直な直線は，どれとどれですか。すべて書きましょう。
[　　　　　　　　　　　]

(2) 平行な直線は，どれとどれですか。すべて書きましょう。
[　　　　　　　　　　　]

1 点アを通って，直線(イ)に垂直な直線をかきましょう。(30点)

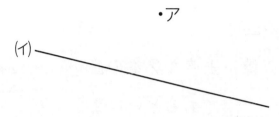

2 点ウを通って，直線(エ)に平行な直線をかきましょう。(30点)

3 右のアとイの直線は平行です。あ，いの角度は何度ですか。(40点) 1つ20

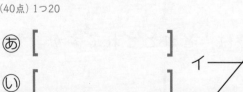

あ [　　　　　　　]

い [　　　　　　　]

答えは115ページ ☞

29 四角形 ①

1 四角形の名まえを書きましょう。（40点）1つ20

①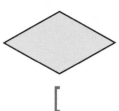

[　　　　　]

②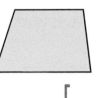

[　　　　　]

2 右の図は平行四辺形です。

（40点）1つ20

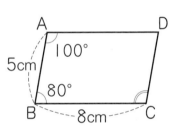

(1) 辺 CD の 長さは何 cm ですか。

[　　　　　]

(2) 角 C の大きさは何度ですか。

[　　　　　]

3 コンパスと三角じょうぎを使って，平行四辺形をしあげましょう。（20点）

1 下の図は，いろいろな四角形の対角線です。四角形の名まえを書きましょう。(40点) 1つ10

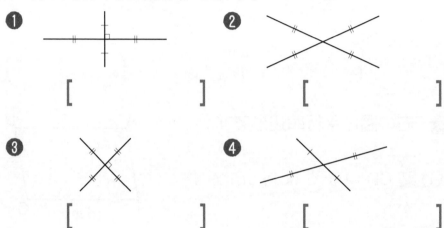

❶ [　　　　　]

❷ [　　　　　]

❸ [　　　　　]

❹ [　　　　　]

2 次のせいしつをもっている四角形の名まえを全部書きましょう。(60点) 1つ20

❶ 向かい合う１組の辺だけが平行な四角形

[　　　　　　　　　　　　　　]

❷ ４つの辺の長さが同じ四角形

[　　　　　　　　　　　　　　]

❸ 向かい合う２組の辺が平行な四角形

[　　　　　　　　　　　　　　]

答えは115ページ ☞

面積 ①

1 □にあてはまることばを書きましょう。(20点) 1つ10

❶ 長方形の面積＝ □ × □

❷ 正方形の面積＝ □ × □

2 次の四角形の面積を求めましょう。(60点) 1つ15

❶ たて 6 cm, 横 9 cm の長方形

[　　　　　]

❷ 1辺が 11 cm の正方形

[　　　　　]

❸ たて 5 m, 横 12 m の長方形

[　　　　　]

❹ 1辺が 9 m の正方形

[　　　　　]

3 右のような長方形の花だんがあります。横の長さは何 m ですか。(20点)

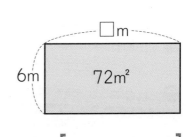

□m

6m　72m²

[　　　　　]

32　面　積 ②

1 下の方がんに面積が 6 cm² の形を 3 つかきましょう。（方がんは 1 目もり 1 cm です。）（30点）1つ10

2 右の形の面積を求めましょう。（30点）

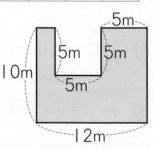

5m

10m　5m　5m

5m

12m

[　　　　　　　]

3 □ にあてはまる数を書きましょう。（40点）1つ10

❶ 1 m² = [　　　　　] cm²

❷ 1 km² = [　　　　　] m²

❸ 1 a = [　　　　　] m²

❹ 1 ha = [　　　　　] m²

1 辺が 10 m の正方形の面積が 1 a だよ。

答えは115ページ

33 およその数と見積もり

1 四捨五入して，〔　〕の中の位までのがい数にしましょう。（40点）1つ10

❶ 17649 〔千の位〕

[　　　　　]

❷ 92770 〔一万の位〕

[　　　　　]

❸ 5859 〔百の位〕

[　　　　　]

❹ 2653 〔上から2けた〕

[　　　　　]

2 四捨五入して千の位までのがい数にしてから，答えを見積もりましょう。（40点）1つ20

❶ 5204＋3891

[　　　　　]

❷ 73911－25189

[　　　　　]

3 4年生103人が遠足に行きます。電車代は1人290円です。全員の電車代は何円になりますか。上から1けたのがい数にして見積もりましょう。

（20点）

[　　　　　]

月　日

得点

点 ／ 合かく **80**点

1 □ にあてはまる数を書きましょう。(40点) 1つ10

① $32 \times 41 = 41 \times \boxed{}$

② $2.8 + 5.3 + 4.7 = \boxed{} + (5.3 + 4.7)$

③ $83 \times 25 \times 4 = \boxed{} \times (25 \times 4)$

④ $87 \times 12 - 37 \times 12 = (87 - 37) \times \boxed{}$

2 くふうして計算をしましょう。(60点) 1つ10

① $69 + 75 + 25$　　② $8.3 + 5.9 + 1.7$

③ $8 \times 34 \times 125$　　④ $112 \times 4 \times 25$

⑤ 98×15　　⑥ $136 \div 4 - 36 \div 4$

答えは116ページ

35 小　数

1 次の数を書きましょう。(40点) 1つ10

❶ 0.01 を 4 こと, 0.001 を 5 こあわせた数

[　　　　　　　]

❷ 0.7 と 0.003 をあわせた数

[　　　　　　　]

❸ 0.059 を 10 倍した数

[　　　　　　　]

❹ 6.2 を 10 でわった数

[　　　　　　　]

2 次の量を, 〔　　〕の中の単位だけを使って表しましょう。(30点) 1つ15

❶ 540 g 〔kg〕　　　　**❷** 2805 m 〔km〕

[　　　　　]　　　[　　　　　　]

3 小数の大きさをくらべ, 不等号を □ の中に書きましょう。(30点) 1つ15

❶ 7.1 □ 7.01　　　　**❷** 4.86 □ 4.809

36 小数のたし算とひき算

1 計算をしましょう。(60点) 1つ10

① 　48.1
　　+26.8

② 　3.59
　　+4.82

③ 　0.27
　　+5.98

④ 　76.5
　　−34.9

⑤ 　4.83
　　−2.96

⑥ 　8
　　−0.71

2 さきさんの水とうにはお茶が 0.85 L，お姉さんの水とうにはお茶が 0.36 L 入っています。お茶はあわせて何 L ありますか。(20点)

[　　　　　　　　]

3 32.6 kg のお米のうち，0.64 kg を使いました。お米は何 kg 残っていますか。(20点)

[　　　　　　　　]

小数のかけ算 ①

1 計算をしましょう。(20点) 1つ5

① 0.2×4

② 0.6×5

③ 0.03×3

④ 0.08×10

2 筆算で計算しましょう。(60点) 1つ10

① 1.9×3

② 5.6×4

③ 20.3×8

④ 0.87×2

⑤ 3.17×5

⑥ 4.92×3

3 1本0.36L入りのジュースがあります。このジュースを4本買うとき、ジュースは全部で何Lになりますか。(20点)

[　　　　　　　　]

38 小数のかけ算 ②

1 筆算で計算しましょう。（60点）1つ10

❶ 2.7×12　　❷ 6.4×38　　❸ 18.3×17

❹ 0.57×24　　❺ 4.09×59　　❻ 7.63×40

2 1mの重さが0.65kgの木のぼうがあります。この木のぼう14mの重さは何kgですか。（20点）

[　　　　　　]

3 ロープを1人に2.56mずつ配ります。18人に配るとき，ロープは全部で何m必要ですか。（20点）

[　　　　　　]

答えは117ページ ☞

1 計算をしましょう。(20点) 1つ5

① $0.8 \div 4$　　　　② $5.6 \div 7$

③ $6.9 \div 3$　　　　④ $0.4 \div 10$

2 筆算で計算しましょう。(60点) 1つ10

① $9.8 \div 2$　　② $17.2 \div 4$　　③ $3.27 \div 3$

④ $82.8 \div 18$　　⑤ $8.4 \div 28$　　⑥ $52.5 \div 75$

3 25.2mのリボンを12等分します。1本分の長さは何mになりますか。(20点)

[　　　　　]

月　　日

得点

点 / 合かく 80点

1 次のわり算をわり切れるまでしましょう。(30点) 1つ10

❶ 7.5÷6　　❷ 31.2÷15　　❸ 94÷8

2 商は四捨五入して，小数第1位までのがい数で表しましょう。(30点) 1つ10

❶ 16÷24　　❷ 5.8÷3　　❸ 7.89÷14

3 6.5L のジュースがあります。(40点) 1つ20

(1) 2人で等分すると，1人分は何 L になりますか。

[　　　　　　　]

(2) 2L ずつびんに分けると，全部分けるのにびんは何本必要になりますか。

[　　　　　　　]

答えは117ページ☞

41 分　数 ①

1 □ にあてはまることばを書きましょう。（30点）1つ10

❶ $\frac{1}{3}$ や $\frac{3}{4}$ のような分数を □ という。

❷ $\frac{5}{3}$ や $\frac{7}{4}$ のような分数を □ という。

❸ $1\frac{2}{3}$ や $2\frac{1}{4}$ のような分数を □ という。

2 数直線の □ のところに，あてはまる分数を書きましょう。（30点）1つ10

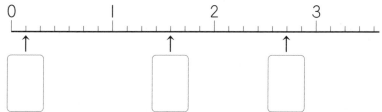

3 分数の大きさをくらべ，不等号を □ の中に書きましょう。（40点）1つ20

❶ 1 □ $\frac{6}{5}$

❷ $\frac{2}{3}$ □ $\frac{2}{5}$

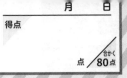

月　　日

得点

点／合かく 80点

1 仮分数は帯分数に，帯分数や整数は仮分数になお
しましょう。（60点）1つ10

① $\dfrac{7}{3}$ = ☐

② $\dfrac{15}{4}$ = ☐

③ $1\dfrac{3}{5}$ = ☐

④ $3\dfrac{4}{7}$ = ☐

⑤ $4 = \dfrac{☐}{3}$

⑥ $2 = \dfrac{☐}{8}$

2 分数の大きさをくらべ，大きい順にならべましょ
う。（20点）

$$\dfrac{7}{6}, \quad 3\dfrac{2}{6}, \quad \dfrac{19}{6}, \quad 1\dfrac{5}{6}$$

どちらかに
そろえよう。

[　　　　　　　　　　　　　　　　　]

3 次の分数と大きさの等しい分数を，分母の小さい
順に2つ書きましょう。（20点）1つ10

① $\dfrac{1}{4}$

② $\dfrac{3}{5}$

[　　　　] [　　　　]

[　　　　] [　　　　]

答えは118ページ ☞

得点

点／合かく 80点

1 たし算をしましょう。（80点）1つ10

① $\dfrac{3}{5} + \dfrac{2}{5}$　　　② $\dfrac{6}{9} + \dfrac{5}{9}$

③ $3\dfrac{2}{4} + \dfrac{1}{4}$　　　④ $2\dfrac{3}{8} + \dfrac{7}{8}$

⑤ $\dfrac{3}{6} + 3\dfrac{5}{6}$　　　⑥ $1\dfrac{4}{7} + 5\dfrac{6}{7}$

⑦ $3\dfrac{1}{2} + 4\dfrac{1}{2}$　　　⑧ $7 + 2\dfrac{3}{4}$

2 びんに入ったジュースを $\dfrac{5}{12}$ L 飲んだので，残り は $1\dfrac{10}{12}$ L になりました。最初にびんに入ってい たジュースは，何 L でしたか。（20点）

[　　　　　]

分数のひき算

1 ひき算をしましょう。(80点) 1つ10

① $\dfrac{7}{5} - \dfrac{1}{5}$

② $1 - \dfrac{4}{7}$

③ $3\dfrac{8}{9} - \dfrac{3}{9}$

④ $4\dfrac{1}{3} - \dfrac{2}{3}$

⑤ $3\dfrac{5}{8} - 2\dfrac{1}{8}$

⑥ $6\dfrac{2}{5} - 3\dfrac{4}{5}$

⑦ $3\dfrac{1}{2} - 1$

⑧ $3 - 2\dfrac{2}{3}$

2 $3\dfrac{2}{9}$ m のリボンがあります。$1\dfrac{7}{9}$ m 使うと，残りは何 m になりますか。(20点)

[　　　　　]

答えは118ページ

1 次の立体の名まえを書きましょう。(30点) 1つ10

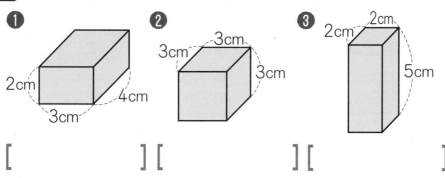

❶ 2cm 3cm 4cm

❷ 3cm 3cm 3cm

❸ 2cm 2cm 5cm

[   ] [   ] [   ]

2 右の立体について，次の問いに答えましょう。(45点) 1つ15

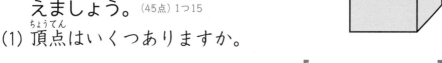

(1) 頂点はいくつありますか。

[   ]

(2) 同じ形の面は，いくつずつ何組ありますか。

[   ]

(3) 同じ長さの辺は，いくつずつ何組ありますか。

[   ]

3 組み立てたとき，向かい合う面の数字の和が7になるように，さいころをつくっています。残りの面に，正しい数字を書きましょう。(25点)

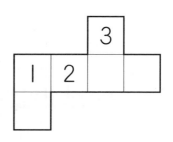

1 右の直方体について，次の問いに答えましょう。(40点) 1つ10

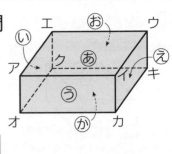

(1) 面㋐に平行な面を書きましょう。

[　　　　　　　　]

(2) 面㋐に垂直な面をすべて書きましょう。

[　　　　　　　　　　　　　　　　　　　　]

(3) 辺アイに平行な辺をすべて書きましょう。

[　　　　　　　　　　　　　　　　　　　　]

(4) 辺アイに垂直な辺をすべて書きましょう。

[　　　　　　　　　　　　　　　　　　　　]

2 立方体のてん開図をかいています。あと１つの面をどこにつけたせば，しあがりますか。３通りの方法を考えましょう。(60点) 1つ20

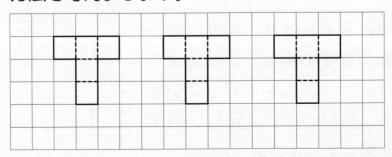

もののの位置の表し方

1 右の図で, 点アの
位置を(横 1, たて 4)
で表します。(100点) 1つ20

(1) 点イ, ウ, エの位置
を表しましょう。

平面上の点の位置
は, 2つの数の組で
表すことができるよ。

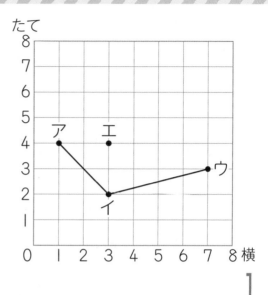

点イ [　　　　　　　　　　]

点ウ [　　　　　　　　　　]

点エ [　　　　　　　　　　]

(2) 平行四辺形アイウオを上の図にかきましょう。

(3) 点オの位置を(1)のように, 表しましょう。

[　　　　　　　　　　]

1 下の図のように，１辺が１cmの正方形で，階だんのような形をつくっていきます。(100点) 1つ25

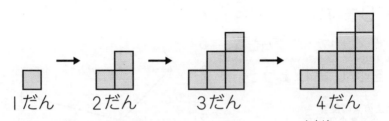

１だん　　２だん　　３だん　　４だん

(1) 階だんのだんの数とまわりの長さの関係を表にして調べます。続きを書いてしあげましょう。

だんの数(だん)	1	2	3	4	5	6	7
まわりの長さ(cm)							

(2) だんの数を○だん，まわりの長さを△cmとすると，○と△の関係はどのような式で表すことができますか。　　　[　　　　　　　　]

(3) 20だんのときのまわりの長さは，何cmですか。
[　　　　　　　　]

(4) まわりの長さが96cmのとき，何だんの階だんをつくったことになりますか。

[　　　　　　　　]

答えは119ページ ☞

日本の都道府県

1 地図を見て，問いに答えましょう。

日本地図

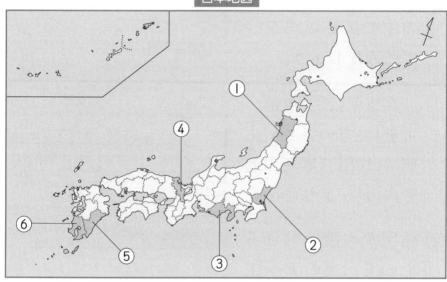

(1) 日本に，都道府県はいくつありますか。（20点）

[　　　　　]

(2) ①～⑥の都道府県名を答えましょう。（60点）1つ10

①[　　　　　]　②[　　　　　]　③[　　　　　]

④[　　　　　]　⑤[　　　　　]　⑥[　　　　　]

(3) 最も北にある都道府県はどこですか。（20点）

最も面積が大きい
都道府県だよ。

[　　　　　]

1 地図を見て，問いに答えましょう。

(1) 兵庫県について，[　]の中の正しい語を○で囲みましょう。

（40点）1つ20

兵庫県は①[中部・近畿]地方の県で，北側には②[日本海・瀬戸内海]があります。

兵庫県の地図

鳥取県

京都府

岡山県

神戸市

大阪府

明石海峡大橋

淡路島

大鳴門橋

0　　20km

JR線（新幹線）
JR線
そのほかのおもな鉄道
高速道路
おもな道路
◎ 県庁所在地

(2) 地図から読み取れるものを，次のア〜エから2つ選びましょう。（40点）

[　　・　　]

ア 兵庫県には，対馬がふくまれる。

イ 高速道路は，南北にだけのびている。

ウ 県庁所在地は，神戸市である。

エ 高速道路や鉄道は，北部より南部に広がっている。

(3) 大鳴門橋は，兵庫県と何県を結んでいますか。

（20点）

[　　　　]

答えは119ページ☞

都道府県のようす ②

1 地図を見て，問いに答えましょう。

(1) 福岡県の西どなりの都道府県はどこですか。(20点)

[　　　　　]

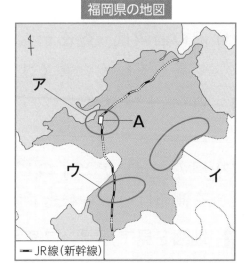

福岡県の地図

ア　Ａ　イ　ウ

━━ JR線（新幹線）

(2) 次の①〜③の説明に合うものを，地図のア〜ウから１つ選びましょう。

(60点) 1つ20

① となりは大分県で，高い山が多い。　[　　　　　]

② 工場や住たく，商店が多く，空港がある。[　　　　　]

③ 筑後川が流れて周りに平野が広がり，米の生産がさかんである。　[　　　　　]

(3) 福岡県を通っている地図の**Ａ**の新幹線の駅名を何といいますか。次の**ア〜ウ**から１つ選びましょう。

[　　　　　] (20点)

ア 品川駅　　**イ** 小田原駅

ウ 博多駅

得点

点 /80点 ^{合かく}

1 山の高さがわかるように，平面の図に表しました。図を見て，問いに答えましょう。(40点) 1つ20

(1) 図の曲線は，海面から同じ高さを結んだ線です。何といいますか。

[   ]

(2) 図の山は，**ア**と**イ**のどちら側のけいしゃが急ですか。

[   ]

2 地図を見て，問いに答えましょう。(60点) 1つ20

(1) 実際のきょりをちぢめたわり合を何といいますか。

[   ]

(2) 交番と寺との間の実際のきょりは，約何mですか。

[約   ]

(3) 駅から見て，交番はどの方角にありますか。

[   ]

1 図を見て，問いに答えましょう。

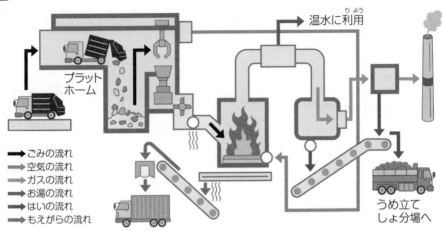

温水に利用

プラットホーム

→ ごみの流れ
→ 空気の流れ
→ ガスの流れ
→ お湯の流れ
→ はいの流れ
→ もえがらの流れ

うめ立て
しょ分場へ

(1) この工場では，ごみをもやしたあとのはいはどこへ運びますか。（20点）　[　　　　　　　　　]

(2) 清そう工場について，正しいものには○を，まちがっているものには×をつけましょう。（80点）1つ20

① ごみをもやした熱を利用して，発電する。

[　　　]

② 有害なガスは，そのまま外へ出す。　[　　　]

③ 家庭から出たごみはすべてもやしている。

[　　　]

④ ほとんどの作業を機械が行っている。　[　　　]

1 グラフを見て，問いに答えましょう。(40点) 1つ20

(1) グラフから読み取れることを，**ア**〜**ウ**から1つ選びましょう。[　　]

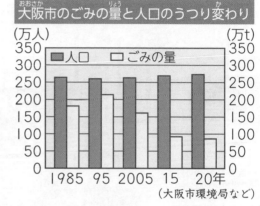

大阪市のごみの量と人口のうつり変わり

（大阪市環境局など）

ア 人口もごみの量もふえている。

イ 2005年のごみの量は，およそ160万tである。

ウ ごみの量が最も多いのは，1985年である。

(2) 大阪市では，1995年ごろからごみの量はどのように変化していますか。

グラフの変化をよく見よう。

[　　　　　　　　]

2 次の❶〜❸のごみは，どんなものに生まれ変わりますか。線で結びましょう。(60点) 1つ20

❶ スチールかん・　　　　・衣類

❷ ペットボトル・　　　　・トイレットペーパー

❸ 紙パック　　・　　　　・鉄製品

答えは120ページ

55 くらしをささえる水 ①

1 図を見て，問いに答えましょう。

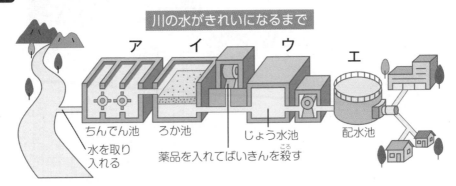

川の水がきれいになるまで

ア　イ　ウ　エ

ちんでん池　ろか池　じょう水池　配水池

水を取り入れる

薬品を入れてばいきんを殺す

(1) 川から取り入れた水を飲み水にするしせつを何といいますか。(20点) ［　　　　　］

(2) 次の①〜④の説明に合うものを，図の**ア**〜**エ**から１つ選びましょう。(60点) 1つ15

　① きれいになった水をいったんためる。 ［　　　］

　② 小さなすなや細きんを取りのぞく。 ［　　　］

　③ 土地の高さを利用して，水にいきおいをつけ，遠くへ送る。 ［　　　］

　④ 水の中のすなやごみをしずめる。 ［　　　］

(3) 水げんの１つで，川をせき止めて水をたくわえておくしせつを何といいますか。(20点)

［　　　　　］

56 くらしをささえる水 ②

1 グラフを正しく読み取ったものを，次のア〜エから2つ選びましょう。(50点)

[　・　]

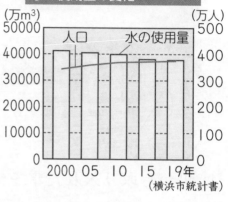

横浜市の人口と1年あたりの水の使用量の変化

（横浜市統計書）

ア 水の使用量は，2000年からへり続けている。

イ 水の使用量は，2000年からふえ続けている。

ウ 2005年にくらべ，2010年は人口がふえたが，水の使用量はへった。

エ 2010年にくらべ，2019年は人口も水の使用量もふえた。

2 次の文を読み，[ ]の中の正しい語を〇で囲みましょう。(50点) 1つ25

　川の上流では，❶[森林・田畑]が雨水をたくわえ，少しずつ流す働きをしています。そのおかげで，雨が❷[少ない・多い]ときでも，一度に雨水が川に流れこまず，雨がふらない日が続いても，川の水がかれることがありません。

自然災害から人々を守る ①

1 地震にそなえて学校が行っていることについて、正しいものには〇、まちがっているものには×をつけましょう。(80点) 1つ20

❶ ろうかには、ひなんするときのためにヘルメットが置かれている。　[　　　]

❷ 登下校の時間に子どもたちの安全を見守る活動をしている。　[　　　]

❸ きん急用の食料を保管している。　[　　　]

❹ ごみをもえるごみともやさないごみなどに分けている。　[　　　]

2 防災について家族で話し合うこととしてあてはまらないものを、次のア〜エから1つ選びましょう。

[　　　]（20点）

ア 地震や津波がおきたときのひなん場所を決めておく。

イ 地震がおこったときは、一人でも高い場所へにげるようにする。

ウ 地いきの人が、いつ防犯パトロールをしているかをわかっておく。

エ 連らくがとれないときの集合場所を決めておく。

1 次の図を見て, あとの**①**～**④**が市の対応なら**ア**, 地いきの対応なら**イ**, 個人が行う行動なら**ウ**を[　　]に書きましょう。(80点) 1つ20

自然災害がおきたときの対応

市の対応
・災害対さく本部の設置
・ひなん所の開設　　など

地いきの対応
・住民へのひなんのよびかけ
・地いきの見回りを行い, ひがいの情報を集める　　など

個人の行動
・火の始末
・家族が無事かかくにん
・ひなん行動のじゅんび　　など

① 火の始末を行う。 [　　　　]

② 災害対さく本部を設置する。 [　　　　]

③ 住民へひなんをよびかける。 [　　　　]

④ 地いきを見回り, ひがいの情報を集める。 [　　　　]

2 自然災害がおこったとき, ひさい地にはけんされて, ひさい者のそうさくや救助, 物資の輸送などを行う, 国が運営する組織を何といいますか。(20点)

1954年にほっ足した組織だよ。

[　　　　　　]

答えは121ページ ☞

昔から伝わる行事

1 次の絵を見て，問いに答えましょう。

① ② ③ ④ ⑤ ⑥

(1) ①～⑥の行事の名まえを，あとの**ア～カ**から｜つずつ選びましょう。(60点) 1つ10

①[　　　] ②[　　　] ③[　　　]

④[　　　] ⑤[　　　] ⑥[　　　]

ア たんごの節句　　**イ** ひな祭り　　**ウ** 正月

エ たなばた　　**オ** 節分　　**カ** お月見

(2) ⑤と⑥は何月に行われますか。(40点) 1つ20

⑤[　　月] ⑥[　　月]

地いきの発てんに つくした人々

1 年表や表を見て，問いに答えましょう。

吉田新田についての年表

年	おもなできごと
1656	吉田勘兵衛の新田開発の願いがゆるされ，海のうめ立て工事が始まる
1657	大雨でていぼうが流される
1659	砂村新左衛門や友野与右衛門らの協力を得て，ふたたび工事が始まる
1667	工事が完成する
1669	将軍に「吉田新田」と名付けられる

吉田新田の周りの村でとれた米の量

村名	横浜	中	堀ノ内
完成前	126石	292石	67石
完成後	249石	411石	105石

できごとの流れをかくにんしよう。

(1) 新田開発を行った中心人物はだれですか。(20点)

[　　　　　　　]

(2) 最初の工事が失敗した原因は何ですか。(20点)

[　　　　　　　]

(3) 新田開発は完成までに何年かかりましたか。(20点)

[　　　　　　　]

(4) 吉田新田の開発により，周りの村では米のとれる量がふえました。ふえた量が最も多い村名と，ふえた量を答えましょう。(40点) 1つ20

村名[　　　　　]　ふえた量[　　　　　]

答えは121ページ ☞

特色ある 地いきのようす ①

1 日本の伝統産業について，問いに答えましょう。

(1) 次の伝統的工芸品は，どこでつくられていますか。あとの**ア〜ケ**から｜つずつ選びましょう。(72点) 1つ9

① 輪島ぬり [　　　]　② 南部鉄器 [　　　]

③ 益子焼 [　　　]　④ 萩焼 [　　　]

⑤ 琉球びんがた [　　　]　⑥ 西陣おり [　　　]

⑦ 唐津焼 [　　　]　⑧ 美濃和紙 [　　　]

ア 山口県　**イ** 京都府　**ウ** 佐賀県

エ 沖縄県　**オ** 岩手県　**カ** 岐阜県

キ 石川県　**ク** 栃木県　**ケ** 北海道

(2) 伝統産業の問題点として，正しいものには○，まちがっているものには×をつけましょう。(28点) 1つ7

① 製品の形やもようが古いので，売れる数がへっている。 [　　　]

② 伝統産業で働こうとするわかい人が少ない。 [　　　]

③ 機械で生産されるため，製品の形が同じになり，客にすぐあきられる。 [　　　]

④ 製品のねだんが安すぎるため，いくら売れても，もうけにならない。 [　　　]

1 次の図を見て，兵庫県（ひょうご）と友好・姉妹（ゆうこう）ていけい先の国を，あとのア～エから2つ選（えら）びましょう。(40点)

兵庫県と友好・姉妹ていけい先の国

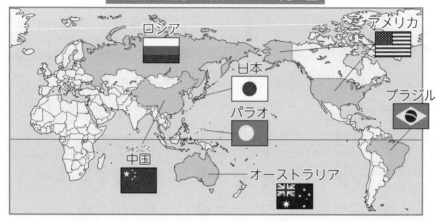

ロシア

アメリカ

日本

パラオ

ブラジル

中国（ちゅうごく）

オーストラリア

ア イギリス　　**イ** アメリカ　　[　　・　　]
ウ カナダ　　　**エ** ロシア

2 神戸港（こうべ）について，[ ]の中の正しい語を○で囲（かこ）みましょう。(60点) 1つ20

　神戸市は，さまざまな物の売り買いを行う
❶[ぼうえき・農業]を行っているため，外国から
❷[車・船]がたくさん入ってくる神戸港がありま
す。神戸港の歴史（れきし）は古く，1000年以上（いじょう）前から
❸[中国や朝鮮（ちょうせん）半島・アメリカやヨーロッパ]との
交流がありました。

1 次の図は，春に見られる動物のようすです。❶〜
❸の名まえをあとのア〜エからそれぞれ選びまし
ょう。（60点）1つ20

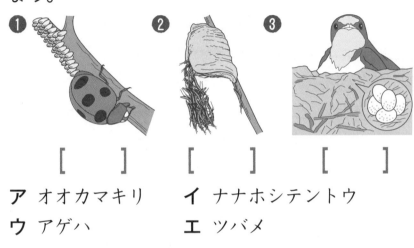

❶ [　　　]　　　❷ [　　　]　　　❸ [　　　]

ア オオカマキリ　　**イ** ナナホシテントウ
ウ アゲハ　　　　　**エ** ツバメ

2 春にヘチマのたねをまきました。次の問いに答え
ましょう。（40点）1つ20

(1) ヘチマのたねは，右の**ア・イ**の
どちらですか。　　　　[　　　]

(2) 芽が出て，葉が何まいくらいになったら，花だんに
植えかえればよいですか。次の**ア〜ウ**から選びま
しょう。　　　　　　　　　　　　　　[　　　]
ア 1まい　　**イ** 3〜4まい　　**ウ** 7〜8まい

生き物のくらし（夏）

1 次の❶〜❸は，どの動物の夏のようすを説明した
ものですか。あとの**ア〜カ**からそれぞれ選びまし
ょう。(60点) 1つ20

❶ おたまじゃくしにあしがはえていた。　[　　　]

❷ よう虫がクモを食べていた。　[　　　]

❸ ひなが育ち，空を飛んでいた。　[　　　]

ア カブトムシ　　　　**イ** オオカマキリ

ウ ナナホシテントウ　**エ** ツバメ

オ トノサマガエル　　**カ** アゲハ

2 右の図は，5月，6月，7月
のはじめの1週間のヘチマ
のくきののびと午前10時
の気温をまとめたものです。
次の文の[　]に入ることば
をあとの**ア〜エ**から選びま
しょう。(40点) 1つ20

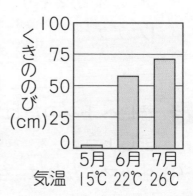

くきののび (cm)

100
75
50
25
0

5月　6月　7月

気温　15℃　22℃　26℃

　　夏になると，気温は[❶　　　]なり，ヘチマのく
きは[❷　　　]。

ア 高く　　　　**イ** 低く

ウ よくのびる　**エ** あまりのびない

グラフの変化を
よく見よう。

答えは122ページ

65 天気と気温の変化

1 次の文の[　]に入ることばをあとの**ア〜ク**から選びましょう。(40点) 1つ10

気温は，風通しの[**❶**　　　]，地面からの高さが[**❷**　　　]m〜[**❸**　　　]mの所で，温度計に日光が直せつ[**❹**　　　]ようにしてはかる。

ア よい　**イ** 悪い　**ウ** 0.5　　**エ** 0.8
オ 1.2　**カ** 1.5　**キ** あたる　**ク** あたらない

2 晴れの日と雨の日に1日の気温の変化を調べました。次の問いに答えましょう。(60点) 1つ20

(1) 雨の日のグラフは，右の**ア・イ**のどちらですか。
[　　　]

ア
気温(℃)
30 25 20 15 10 5 0
午前　　午後
9 10 11 12 1 2 3
時こく(時)

イ
気温(℃)
30 25 20 15 10 5 0
午前　　午後
9 10 11 12 1 2 3
時こく(時)

(2) (1)のように考えたのは，なぜですか。
[　　　　　　　　　　　　　　　　　　　　　]

(3) 晴れの日の気温がいちばん高くなるのは何時ごろですか。
[　　　　　]時ごろ

1 次の文の[　]に入ることばを書きましょう。ただし，❷については，図のア・イから選びましょう。

（45点）1つ15

電気の流れのことを
[❶　　　　　]といい，
図では[❷　　　　]の向
きに流れる。かん電池
の向きをぎゃくにする
と，モーターは[❸　　　　　]向きに回る。

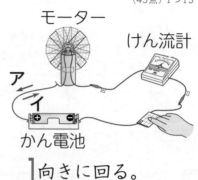

モーター

けん流計

ア

イ

かん電池

2 次の図を見て，あとの問いに答えましょう。

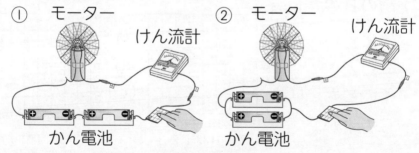

① モーター　けん流計

かん電池

② モーター　けん流計

かん電池

(1) 図の①，②のかん電池のつなぎ方を，それぞれ何と
いいますか。（40点）1つ20

①[　　　　　　　　]　②[　　　　　　　　]

(2) モーターがよりはやく回るのは，図の①，②のどち
らですか。（15点）

[　　　]

答えは122ページ ☞

67 星の動き

1 東の空に夏の大三角が見えました。次の図の［　］に入る星ざと星の名まえを書きましょう。(40点) 1つ10

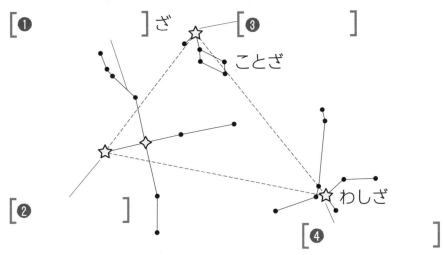

［❶　　　　　　　］ざ　　　［❸　　　　　　　　　］

ことざ

わしざ

［❷　　　　　　　］

［❹　　　　　　　　　　］

2 次の文の［　］に入ることばをあとのア～カから選びましょう。(60点) 1つ15

(1) 星には，いろいろな［①　　　　］や明るさのものがあり，［②　　　　］星から順に，１等星，２等星…と分けられている。

(2) 星や星ざの位置は，時間によって［①　　　　］。また，星のならび方は［②　　　　］。

ア 変わる　　イ 変わらない　　ウ 形

エ 明るい　　オ 暗い　　　　　カ 色

月　日

得点

点 ／ 80点 合かく

1 右の図は，いろいろな月の形を表したものです。次の問いに答えましょう。(40点) 1つ10

ア　イ　ウ　エ

(1) ア，ウ，エの形をした月を何といいますか。

ア[　　　　] ウ[　　　　] エ[　　　　]

(2) ア〜エの月を，アを始めとして，観察される順にならべましょう。

[ア→　　　→　　　→　　　]

2 次の文の[　]に入ることばをあとのア〜ケから選びましょう。(60点) 1つ10

(1) 夜空に見える月は，時こくとともに[①　　　]から[②　　　]にたえず動き，その動きは太陽と[③　　　]である。また，月の形は[④　　　]によってちがって見える。

(2) 満月は[①　　　]に東からのぼり，[②　　　]に西にしずむ。

ア 西　　　　イ 東　　　　ウ 同じ

エ 反対　　　オ 夕方　　　カ 真夜中

キ 夜明け　　ク 日　　　　ケ 時間

月の動き方をかくにんしよう。

答えは123ページ☞

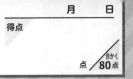

月　　日

得点

点 ／ 合かく80点

1 次の文の[　]に入ることばをあとの**ア〜オ**から選びましょう。(60点) 1つ15

(1) とじこめた空気をおすと，体積が[①　　　]。また，とじこめた空気の体積が[①]ほど，もとにもどろうとする力は[②　　　]。

(2) 注しゃ器の中に水だけを入れ，とじこめてからピストンをおすと，おしちぢめることが[①　　　]。このとき，注しゃ器の中の体積は[②　　　]。

ア 大きくなる　　**イ** 小さくなる
ウ 変わらない　　**エ** できる　　**オ** できない

2 右の図は，注しゃ器の中の空気をおしたようすです。次の問いに答えましょう。(40点) 1つ20

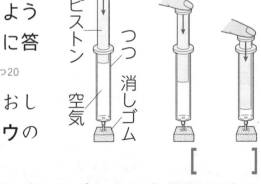

(1) 手でいちばん軽くおしているのは，**ア〜ウ**のどれですか。

[　　　]

(2) おしている間，いちばん手ごたえが大きいのは，**ア〜ウ**のどれですか。

[　　　]

70 人のからだのつくり

1 からだのつくりについて，次の文の[　]に入ることばを書きましょう。(30点) 1つ10

人のからだには，かたい[❶　　　　　]と，やわらかい[❷　　　　　]がある。また，[❶]と[❶]のつなぎ目になっているところを[❸　　　　　]といい，[❸]でからだを曲げることができる。

ほかの動物のからだも，[❶]や[❷]，[❸]のはたらきで運動することができる。

2 図の[　]に入ることばをあとの**ア**～**オ**から選びましょう。ただし，同じ記号をくり返し使ってもかまいません。(70点) 1つ10

・うでを曲げる

[❶　　　　]

[❷　　　　]

[❸　　　　]

❶が[❹　　　　]

❶が[❺　　　　]

・うでをのばす

❶が[❻　　　　]

❶が[❼　　　　]

ア 関節　　**イ** ほね　　**ウ** きん肉
エ ちぢむ　　**オ** ゆるむ

答えは123ページ☞

1 ヘチマについて，次の文の[　]に入ることばをあとの〔　〕から選びましょう。 (40点) 1つ10

　ヘチマは花がさいたあと，気温が低くなってくると[❶　　　　]が大きくなり，[❷　　　　]がのびなくなる。

　秋になると[❶]がかれて，[❸　　　　]色になり，また，[❶]の中には，[❹　　　　]がたくさんできている。

〔　実　　くき　　たね　　緑　　茶　〕

2 次の動物の秋のようすについて説明しているものを，あとのア〜エから選びましょう。 (60点) 1つ20

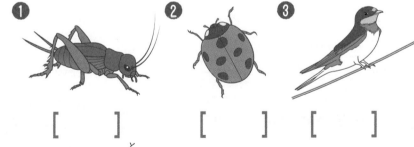

❶　　　　　　　　❷　　　　　　　　❸

[　　] 　　　　[　　] 　　　　[　　]

ア　南のほうに飛び立つ。

イ　さかんに鳴く。

ウ　成虫のものとさなぎのものがいる。

エ　南のほうからやってくる。

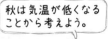

秋は気温が低くなることから考えよう。

月　　日

得点

点／合かく 70点

1 次の図の生き物はどのようにして冬をこしますか。あとの**ア～カ**から選びましょう。(90点) 1つ15

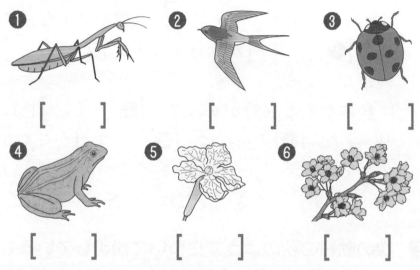

① [　　　]　② [　　　]　③ [　　　]

④ [　　　]　⑤ [　　　]　⑥ [　　　]

ア たね　　　**イ** かれ葉の下などですごす。

ウ たまご　　**エ** あたたかい所でくらす。

オ 土の中ですごす。

カ 葉を落とし，芽をつけている。

2 ヘチマが育つ順に，**ア～オ**をならべましょう。(10点)

[**ア**→　　　→　　　→　　　→　　　]

ア たねをまく。　　　**イ** かれてたねができる。

ウ お花やめ花がさく。　**エ** 子葉が地面から出る。

オ 実がどんどん大きくなる。

答えは123ページ

73 温度と体積

1 右の図のように，石けん水のまくをはった試験管を湯につけ，あたためました。これについて，次の問いに答えましょう。（40点）1つ20

石けん水のまく

湯

(1) このあと，石けん水のまくはどのようになりますか。　[　　　　　　]

(2) (1)のようになるのはなぜですか。

[　　　　　　　　　　　　　　　　　　　　　　　　　]

2 次の問いに答えましょう。（60点）1つ20

(1) 右の図のようにフラスコに水を入れて，水面の位置に印をつけました。フラスコを次の①，②のようにしたとき，水面はどうなりますか。

ガラス管

印

フラスコ

水

① 氷水につける。　[　　　　　]

② 湯につける。　[　　　　　]

(2) 金ぞく，空気，水を，温度による体積の変化が大きいものから順にならべましょう。

[　　　　　→　　　　　→　　　　　]

1 右の図1，図2のように金ぞくを熱する実験をしました。ア〜カには，いずれもろうがぬってあります。それぞれについて，はやくとける順にならべましょう。(40点) 1つ20

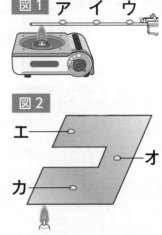
図1　ア　イ　ウ

図2
エ
オ
カ

図1 [　　→　　　　→　　　]
図2 [　　→　　　　→　　　]

2 次の問いに答えましょう。(60点) 1つ20

(1) 水を入れた試験管を図1のように熱しました。試験管の水が熱くなりにくいのは，ア・イのどちらですか。理由も書きましょう。

図1
ア
イ

記号 [　　]
理由 [　　　　　　　　　　　]

(2) 図2のような部屋で，しばらく室内をあたためました。温度が最も高くなるのはア〜ウのどこですか。 [　　]

図2
ア
イ
対流式ストーブ
ウ

1 雨水のゆくえについて，次の文の[ ]に入ることばをあとの**ア〜エ**から選びましょう。（60点）1つ20

(1) 雨水は[①]場所から[②]場所に向かって流れる。

(2) 雨水のしみこみ方は，土のつぶの[ ]によってちがいがある。

ア 低い　　**イ** 高い　　**ウ** 色　　**エ** 大きさ

2 図のように，ペットボトルに，小石，すな，土を入れて上から同じ量の水を入れました。次の問いに答えましょう。（40点）1つ20

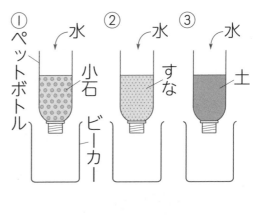

(1) ビーカーにいちばんはやく水がたまるのは，①〜③のどれですか。　　[　]

(2) 水がしみこみやすいのは，次の**ア・イ**のどちらの土ですか。　　[　]

ア 大きいつぶ　　**イ** 小さいつぶ

1 次の❶～❸のすがたのことを何といいますか。あとのア～ウから選びましょう。(30点) 1つ10

❶ 水　　　[　　　　]　　　❷ 水じょう気　[　　　　]

❸ 氷　　　[　　　　]

ア 固体（こたい）　　イ 液体（えきたい）　　ウ 気体

2 水の変化について，次の文の[　]に入ることばや数を書きましょう。(70点) 1つ10

(1) 右の図のような実験そう置を用いて水をあたためると，やがてわきたってくる。このように水がわきたつことを[①　　　　]という。このときの温度はほぼ[②　　　　]℃で，[①]している間，温度は[③　　　　]。

　　図の**A**は[④　　　　]といい，水じょう気が空気中で冷えたものである。

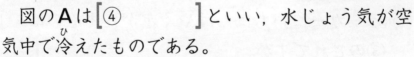

A

ふっとう石

(2) 水を冷やすと[①　　　　]℃でこおり始め，すべて氷に変わるまでの間，温度は[②　　　　]。水が氷になると，体積が[③　　　　]。

漢字の読み書き ①

1 次の漢字の読み方をひらがなで書きましょう。
(64点) 1つ8

[　　　　　]　　　　　[　　　　　]
❶ 委員会　　　　　❷ 問　答

[　　　　　]　　　　　[　　　　　]
❸ 登　板　　　　　❹ 問　屋

[　　　　　]　　　　　[　　　　　]
❺ 手　品　　　　　❻ 鉄　橋

[　　　　　]　　　　　[　　　　　]
❼ 研　究　　　　　❽ 平　等

2 次の——線の言葉を漢字で書きましょう。送りがなのつく字は、送りがなもつけましょう。
(36点) 1つ9

[　　　　][　　　　]
❶ しゅっぱつの時間にあつまる。

[　　　　][　　　　]
❷ うんどうで ちきゅうを守る。

漢字の読み書き ②

1 カタカナで書きのことばを、送りがなのいる漢字は送りがなをつけて書きましょう。

（60点） 10×6

① コウテイ　アンプ。
[　　　　][　　　　]

② シュウカイ　キンマン。
[　　　　][　　　　]

③ ジュショウ　に　エール。
[　　　　][　　　　]

2 次の――線の言葉は、送りがなのつけかたの□の中からそれぞれ正しい漢字を選んで、送りがなも書きましょう。

（40点） 10×4

① 反たい　期たい
[　　　　][　　　　]

② 夜があける。　とをあける。
[　　　　][　　　　]

```
明　対　待
空　開　体
```

物語を読む ①

1 次の文章を読んで、問いに答えましょう。

それは火曜日の地理の時間でした。

森先生は教だんの上から、葉子がノートくらく書きをしているのを見つけた。

「葉子さん、そのノートを持っていいくおこでなさい」不意に森先生がおっしゃったので、葉子はびっくりした。

葉子は日ごろから成せきの悪い生徒ではありませんでした。　⑦　えん筆と紙さえ持っていでも——じゅ業の時間でさえも絵をかきたがるくせがありました。今も地理の時間に、森先生の顔を　①　写生していたのでした。そして葉子は森先生を大変好きでした。

（竹久夢二「先生の顔」）

(1) なぜ、葉子は「びっくりした」のですか。（40点）

[　　　　　　　　　　　　　　　　　　　]

(2) ⑦・①にあてはまる言葉を、□の中から選んで書きましょう。（60点）一つ30

⑦ [　　　　　　　]　① [　　　　　　　]

だから　きっと　そっと　けれど

物語を読む ②
LESSON 80

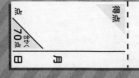

得点
/70点
月　日

1　次の文章を読んで、問いに答えましょう。

せいらのお父さんは、船の仕事をしています。新しい国の話や、航海の話を、せいらはおもしろいと思って聞くのがすきでした。

でも、お父さんは、長いあいだ家に帰ってこないこともありました。

「おとうさん、こんどはいつ帰ってくるの。」

せいらがたずねると、お父さんは、別れる時に、

「そうだなあ、五か月ぐらいかな。」

と言って、お別れの時にはいつもせいらを大きな手でだっこしてくれました。

お父さんが大人になったせいらを見て、

「おや、せいらもずいぶん大きくなったなあ。」

と言うのを、せいらは楽しみにしていました。

でも、このたびに、せいらはしんぱいなことがありました。

（菊池さん意作「公女」より）

（1）──線「このたびに」とは、どういう意味ですか。記号で答えましょう。（30点）

［　　　　］

ア　むねのあたりがいたくなること。

イ　悲しくなってきたこと。

（2）せいらは、なぜしんぱいなのですか。（70点）

［　　　　　　　　　　　　　　　　　］

1 次の文章を読んで、問いに答えましょう。

　生まれた赤ちゃんイルカは、ときどき魚なども食べますが、お母さんのおっぱいを一年半近くも飲みつづけます。

　もし広い海で、赤ちゃんイルカがお母さんとはぐれてしまい、迷子になったらたいへん。中型のクジラのシャチや、大きなサメに食べられてしまうかもしれません。

　そのために、小さなイルカたちは、どんなときでも、お母さんにぴったりとよりそって泳ぎつづけます。

　赤ちゃんイルカは、お母さんイルカの背びれの近くにくっついて泳ぎます。その位置だと、お母さんイルカが泳ぐときにできる水の流れに乗ることができ、お母さんと同じ速度で泳げるのです。

（真鍋和子「とくー　人工尾びれのイルカ『フジ』」）

(1) 「迷子になったらたいへん」なのはなぜですか。(40点)

[　　　　　　　　　　　　　　　　　　　　　　　　]

(2) 赤ちゃんイルカは、どのように泳ぎますか。次の
　　[　　]にあてはまる言葉を本文中からぬき出して書
　　きましょう。(60点)１つ30

　　お母さんイルカと[① 　　　　　　　]で泳ぐため
　　に、お母さんイルカの[② 　　　　　　　]にくっ
　　ついて泳ぎます。

1 次の文章を読んで、問いに答えましょう。

親スズメが幼虫をえさの中で、順にひなにあたえるとき、栄養価が高い、運びやすいなどの順にひなにあたえるのではなく、ひなが食べよく、えさを食べたあと口を大きく開けてねだっていくものからえさをあたえているのではないか、ということがわかってきました。ひなにえさをあたえるとき、比などはひとつのえさをあたえるものから食べよいものを順にあたえていくと、ひなは平等にえさをもらえることになります。

こうして育てられたひなには、栄養価が高いえさを食べたものもいれば、栄養価の低いえさしか食べられなかったものもいます。やがてアオムシやバッタなどは数がへっていくのでひなは虫を食べられなくなり、親鳥が消化にくいえさをあたえるようになっていく。

（国松俊英「スズメの大研究」）

（1）──線「このようにしてあたえている」とありますが、ひなはどのようにえさをもらいますか。文中からぬき出しなさい。〔40点〕

［　　　　　　　　　　　　　　　〕

（2）親スズメが幼虫をえさの中から多く食べさせる理由を文中から書きぬきなさい。〔60点〕

15〜一

［　　　　　　　　　　　　　　　〕

漢字の読み書き ③

1 次の漢字の読み方をひらがなで書きましょう。

(36点) 1つ6

① 屋　台　[　　　　]　② 焼　く　[　　　　]

③ 労　働　[　　　　]　④ 散　歩　[　　　　]

⑤ 最　も　[　　　　]　⑥ 争　う　[　　　　]

2 カタカナで書かれている言葉を、漢字で書きましょう。送りがなのつく字は、送りがなもつけましょう。

(64点) 1つ8

① レイスイ[　　　　]をアビル[　　　　]。

② ナカマ[　　　　]の話にワラウ[　　　　]。

③ キロク[　　　　]にノコル[　　　　]。

④ ネンガン[　　　　]をハタス[　　　　]。

LESSON 84

漢字の読み書き ④

得点　　　　合かく/70点　　月　　日

---

1 次の、送りがなが「る」と「える」の漢字を、□の中から選んで、その読みがなを書きましょう。

（60点）15・1こ

```
集　返　変　求　代　帰
```

❸ □える [　　]　　❶ □る [　　]

❹ □える [　　]　　❷ □る [　　]

> 送りがなが「える」と「る」ではちがいますよ。

---

2 カタカナを漢字で書きましょう。送りがなのひつようなものは、送りがなも書きましょう。

（40点）10・1こ

❷ 新しいセンシュ [　　] が
カツヤク [　　] する。

❶ ケイビ [　　] の
ジュンビ [　　] をする。

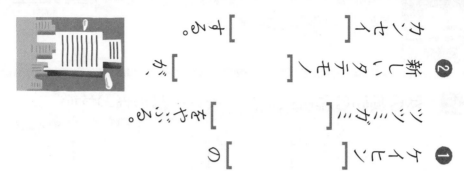

84

1 次の詩を読んで、問いに答えましょう。

くびのうた　　　　　　　　　室生犀星

あまり [ア] のこ
じぶんの尾もろくろく見たいとがない
春のあたたかい日におかから出ると
[ア] あくびをする。
冬は長かったなあ
そしてひさしぶりで野山の
きもねんとおなじけしきを見て
やれやれみんなかわらずにいたなあと。

[イ] 木や草はだまっていら、
くびはそけてゆっくりおじぎをして
ゆっくりくびをあげ
どこいってなにをけちらして行こうと
[ア] 汽車のように走っていく。

(1) [ア] には、どの言葉があてはまりますか。（30点）

　ア 黒い　　イ 短い　　ウ 長い　　[　　]

(2) [イ] には、どの言葉があてはまりますか。（30点）

　ア そして　　イ けれども　　ウ また　　[　　]

(3) 前半部分に、くびのひとり言が一か所あります。
詩の中に線を引きましょう。（40点）1つ20

1 次の詩を読んで、問いに答えましょう。

（詩・本文）

> みなみかぜ　やかん　みな
> おみなはは　おへわかい　おおる
> はへばるゆへい　へ　①
> それかゆきのとみおなゆち　と
> はへばるすくへいのいたみおち
> みんへこのとみおち　①
> のへはるかて　このめおて　⑦

（──線「なおした」の
　ように子どもが直した
　所ということ。）

（1）　⑦・①　に入る言葉を、 　　の中から選んで書きましょう。　40点（1つ20）

　⑦ [　　　　　] 　① [　　　　　]

> さかな
> かぜ
> へ
> わらい
> わらい

（2）　作者は、何（だれ）の立場でこの詩を書いていますか。記号で答えましょう。　30点

　ア　おかあさん
　イ　わたし
　ウ　わたし
　エ　あかちゃん

[　　　　　]

（3）　──線は、何を表していますか。　30点

[　　　　　]

月 日
得点
点／70点　合かく70点

1 次の漢字の正しい筆順（ひつじゅん）をあとから選（えら）んで、記号で答えましょう。(60点) 1つ20

① 返
ア　一　ノ　厂　ﾌ　反　反　汳　汳　返　返
イ　ノ　厂　ﾌ　反　反　汳　汳　返　返

[　　]

② 身
ア　丶　ノ　宀　竹　竹　身　身
イ　丶　ノ　宀　宀　宀　身　身

[　　]

③ 区
ア　一　フ　ㄨ　区
イ　一　フ　ㄨ　区

[　　]

2 次の漢字の色の部分は、何画目に書きますか。(40点) 1つ5

① 世 [　　]画目　② 無 [　　]画目

③ 何 [　　]画目　④ 臣 [　　]画目

⑤ 氷 [　　]画目　⑥ 席 [　　]画目

⑦ 登 [　　]画目　⑧ 希 [　　]画目

画数

得点　合かく70点　月　日

1 次の漢字の画数を書きましょう。（60点）10つ1

① 弓 [　　]画　　② 央 [　　]画

③ 美 [　　]画　　④ 命 [　　]画

⑤ 者 [　　]画　　⑥ 総 [　　]画

2 次の漢字の画数をあとから選んで、記号で答えましょう。（40点）10つ1

① 投
ア 七画
イ 八画
ウ 九画
エ 十画
[　　]

② 歯
ア 九画
イ 十画
ウ 十一画
エ 十二画
[　　]

③ 院
ア 七画
イ 八画
ウ 九画
エ 十画
[　　]

④ 級
ア 七画
イ 八画
ウ 九画
エ 十画
[　　]

88

漢字辞典の使い方 ①

1 次の[　]にあてはまる言葉を、□□の中から選んで書きましょう。(40点) 1つ10

漢字辞典では、漢字が[①　　]別に分類され、[②　　]順にならべられています。

漢字辞典の引き方で、漢字の読み方も部首もわからないことは、[③　　]さくいんでさがします。

漢字の部首がわかるときは、部首さくいんでさがします。漢字の読み方がわかっているときは、[④　　]さくいんでさがします。

```
音訓　　画数　　総画　　部首　　五十音
```

2 次の漢字の読み方、総画数、部首名を書きましょう。(60点) 1つ10

❶ 例　読み方[　　　]　総画数[　　]画

部首名[　　　]

❷ 然　読み方[　　　]　総画数[　　]画

部首名[　　　]

漢字辞典の使い方②

1 次の文章と表の[　]にあてはまる言葉を書きます。（100点）1つ10

漢字辞典で、「結」という字を調べます。

❶ [　]がわかるときは、[　]の意味を調べへ引きます。

❷ [　]がわかるときは、[　]という音訓を引けます。音読み・訓読みのどちらでも引けます。

❸ [　]は、[　]のところにあるので、部首をのぞいた画数で引きます。

❹ [　]は、部首をさがし、部首をのぞいた画数で引きます。

❺ [　]は[　]画です。

❻ [　]は、もとの部首である画数の少ない部首が多いです。

❼ [　]は、総画のところを引くという画数を引くと多い部首をさがします。

音	訓	意味
❽ [　]	❾ [　] むす・ぶ ゆ・う ゆ・わえる	❿ [　] むすぶ。 いと。 つながり。 しめくくり。

漢字の読み書き ⑤

1 次の漢字の読み方をひらがなで書きましょう。

(64点) 1つ8

❶ 積極的　[　　　　　]

❷ 無事　[　　　　　]

❸ 結果　[　　　　　]

❹ 失敗　[　　　　　]

❺ 飲料水　[　　　　　]

❻ 残高　[　　　　　]

❼ 景色　[　　　　　]

❽ 約束　[　　　　　]

2 次の──線の言葉を漢字で書きましょう。送りがなのつく字は、送りがなもつけましょう。

(36点) 1つ6

❶ はじめて会う。　[　　　　　]

試合をはじめる。　[　　　　　]

❷ えこうを学ぶ。　[　　　　　]

えこうがくの道。　[　　　　　]

❸ くんれんを見学する。　[　　　　　]

れんだこ感を持つ。　[　　　　　]

1 次の漢字の読み方をひらがなで書きましょう。8つ1点(64点)

❼ 熱戦 [　　]　❺ 木立 [　　]　❸ 博学 [　　]　❶ 手続き [　　]

❽ 命令 [　　]　❻ 希望 [　　]　❹ 重る [　　]　❷ 大豆 [　　]

2 次の──線の言葉を漢字で書きましょう。6つ1点(36点)

③ じゅうしょう者に
しょうじょうが
当たる。
[　　] [　　]

② やきゅうの
せんしゅ
けんさ
[　　] [　　]

① きょうどう組合を
きょうりょくして
使う。
[　　] [　　]

同じ音でちがう漢字だよ。

物語を読む ③

1 次の文章を読んで、問いに答えましょう。

　「はまに、お舟見てこの。」とため吉はえん側にこしかけ、「白山が見える。」ともう一度言いました。

　父親ははじめて手を休めて、不思議そうにため吉の顔をしげしげとながめました。そして

　「白山が見えりゃ何だ？」とやさしく言いました。

　父親はいのころため吉がみょうにふさぎこんでいるのが心がかりでたまらなかったのでした。ため吉はまだ八つで、何かにつけて神けいして始終何か考えてばかりいる子でした。たが、ひじょうに頭のよいかしこい子で、大人のような考えを持っていました。

　ため吉はうつむいて前だれのひもをいじっていてとうとうしばらく答えませんでした。何かこの中で当てにして来たことが、ぴったり父のこに入らないで、話の気せいをくじかれたような気がしたのでした。

（加能作次郎「少年と海」）

(1) ため吉はどんな子どもですか。それがわかるところに線を引きましょう。(60点)

(2) ——線とは、どういうことですか。(40点)

[　　　　　　　　　　　　　　　　　　　]

1 次の文章を読んで、問いに答えましょう。

久助は、「教室が変わる。二日目はお正月はお休みだった。六日目の、おけいこの方、みんなが、みんな、ひとクラスの、つくえを見ながら、案をねって学校に行った。自分の席に行って、あたらしい友達の顔を見ながら、案ねをねり、自分の席のつくえを見ながら、しばらくして、自分の席をはなれて、友達の席へ帰ってくると、その席には三日目に、五日間学校を休んだので、よその席のつくえを読本を自分の席に、みんなは十課を習っていたので、十課を習い進んでいるのはじぶんだけだった。

「市ちゃんとき、先生のおしえてくだけをしていますのくので、先生のくだ先とき、十課をしていなければならないのだが、それはなぜでしょうか。」

（新美南吉「うそ」）

（70点）

(1) ——線の「しまった。」は、どうしたのはなぜですか。
[　　　　　　　　　　　　　　　　　　]

(2) [　　]にあてはまる言葉を、の中から選んで書きましょう。（30点）
[　　　　　　　　　　　　　　　　　　]

```
やっと
また
もっと
もし
```

説明文を読む ③

1 次の文章を読んで、問いに答えましょう。

　鳥のわたりにも、生物時計が役立っていると考えられています。日本のわたり鳥には、ツバメのように春、日本にやってきて、ひなをそだて、秋、さむくなって昆虫などのえさになるものが少なくなると、あたたかい南方へわたっていく「夏鳥」と、ツバメやマガモのように日本より北のカムチャツカやシベリアで、夏のあいだをすごして、秋になってえさが少なくなると日本にわたってきて、冬をすごす「冬鳥」とがあります。

　ただ、目的地を往復するとちゅう、日本に立ちよって、からだをやすめたり、えさを補給したりする鳥は「旅鳥」といいます。

（真船和夫「カラスウリのひみつ」）

(1) 「夏鳥」と「冬鳥」にあてはまる鳥の名前をそれぞれ書きましょう。（60点）一つ30

夏鳥

[　　　　　　　　　　　　　　　]

冬鳥

[　　　　　　　　　　　　　　　]

(2) 「旅鳥」が日本に立ちよるのは、なぜですか。（40点）

[　　　　　　　　　　　　　　　]

LESSON
96

説明文を読む ④

得点

合かく 50点中　　月　日

1 次の文章を読んで、問いに答えましょう。　100点(1問50点)

たまごは、親鳥のおなかの中であたためられて、その中に赤い血が通い、生命がはぐくまれていく。やがて、たまごのからをやぶって、ひよこが生まれる。

たまごのからは、①はげしい光でてらされて、たまごのからがうすくなっていく。

たまごは、そのたまごのなかで、まるでへんしんでもするように、赤から黄みどり色へとかわっていきます。約六時間（一日と半日）へ

そのためには、あたためられることが大切で、あたたかさでたまごのからが、②だんだんとうすくなっていく生命活動にあらわれる。

へんしんはおわります。

（清水 清「ひよこのしんぴ」）

(1) ──線①とは、何ですか。

[　　　　　　　　　　　　　]

(2) ──線②とは、どんなようすですか。

[　　　　　　　　　　　　　]

LESSON 97 つなぎ言葉

1 [ ]にあてはまる言葉を、□の中から選んで書きましょう。(24点)1つ8

また、[ ]に、1つの文に書き直しましょう。(60点)1つ20

❶ この部屋は明るい。[　　　　]、きれいだ。

[　　　　　　　　　　　　　　　　　　　　　　]

❷ かぜをひいた。[　　　　]、すぐに治った。

[　　　　　　　　　　　　　　　　　　　　　　]

❸ たくさん練習した。[　　　　]、試合に勝った。

[　　　　　　　　　　　　　　　　　　　　　　]

```
しかし　　それに　　だから
```

2 [ ]の中で、言葉の使い方が正しいほうに〇をつけましょう。(16点)1つ8

❶ 電車で行きますか。

[つまり・それとも]バスで行きますか。

❷ 全員そろいましたね。[では・ただし]練習を始めましょう。

LESSON 98

いろいろな言葉

得点

／70点

月　日

2 「　」の中で、言葉の使い方が正しいほうに○をつけなさい。

（40点）一つ20

① わたしは「あ・その」ケーキを持っている。そのケーキは有名なお店で買ったものだ。

② 昨日、あなたと遊園地へ行った。「あ・その」観らんしゃから見た景色はきれいだった。人々が乗る車はあんなに小さく見られなかった。

1 [　]にあてはまる言葉を、□の中から選んで書きなさい。

（60点）一つ15

① わたしが今、右手に持っているもの、[　]です。

② なんだか、むこうに見える緑の屋根の家が、わたしの家です。[　]

③ あなたは、いつもケーキが食べたいのですか。[　]

④ 君が買った本はおもしろかったですか。[　]

その	あの
どの	その
あれ	これ

98

漢字の読み書き ⑦

1 次の漢字の読み方をひらがなで書きましょう。

(64点) 1つ8

❶ 岡　山　[　　　　]　❷ 鹿児島　[　　　　]

❸ 滋　賀　[　　　　]　❹ 岐　阜　[　　　　]

❺ 奈　良　[　　　　]　❻ 新　潟　[　　　　]

❼ 山　梨　[　　　　]　❽ 茨　城　[　　　　]

2 次の――線の言葉を漢字で書きましょう。

(36点) 1つ6

❶ [　　　　] とちぎ県　❷ [　　　　] おきなわ県

❸ [　　　　] ふくい県　❹ [　　　　] かがわ県

❺ [　　　　] くまもと県　❻ [　　　　] みやぎ県

1 次の部首の名前を書きましょう。(60点) 10つ1

① 子　[　　　　　]
② 丿　[　　　　　]
③ 广　[　　　　　]
④ 广　[　　　　　]
⑤ 心　[　　　　　]
⑥ 口　[　　　　　]

2 次の漢字の部首の名前をあとから選んで記号で答えましょう。(40点) 5つ1

① 秒　[　　　]
② 病　[　　　]
③ 部　[　　　]
④ 利　[　　　]
⑤ 級　[　　　]
⑥ 題　[　　　]
⑦ 院　[　　　]
⑧ 原　[　　　]

ア 院　　　　　[　　　]
イ おおがい　　[　　　]
ウ にくづき　　[　　　]
エ やまいだれ　[　　　]
オ がんだれ
カ りっとう
キ のぎへん
ク こざとへん

得点
合かく 80点
点
月　日

短歌・俳句を読む ①

1 次の短歌と解説文（かいせつぶん）を読んで、A〜Dにあてはまる言葉を短歌の中から漢字1字でぬき出して書きましょう。（60点）1つ15

> 春すぎて　夏来にけらし　白たえの
> 　　衣（ころも）ほしたり　天（あま）のかぐ山
> A がすぎて　もう B がやってきたようだ。
> あの天のかぐ山のあたりに C に B の D が
> ほしてあるのが見える。

A [　　　] B [　　　] C [　　　] D [　　　]

2 次の俳句（はいく）の[　]にあてはまる動物の名前をあとから選んで、記号で答えましょう。（40点）1つ10

❶ [　　　]の子　そいのけそいのけ　お馬が通る

❷ 道のくの　むくげは[　　　]に　食われけり

❸ しずかさや　岩にしみくる　[　　　]の声

❹ 古池や　[　　　]とびこむ　水の音

ア　かわず　　　イ　せみ　　　ウ　すずめ　　　エ　馬

得点　／80点　めやす80点　月　日

1 次のA〜Dの短歌・俳句について答えましょう。　1つ20点(100点)

A 咳をしても一人　尾崎放哉

B 瓶にさす藤の花ぶさみじかければたたみの上にとどかざりけり　正岡子規

C 街をゆき子供の傍を通る時蜜柑の香せり冬がまた来る　木下利玄

D 菜の花や月は東に日は西に　与謝蕪村

(1) 短歌をすべて選んで、記号で答えましょう。
[　　　　]

(2) Cから季語を一つ書きぬき、その季節を答えましょう。
季語 [　　　　]　季節 [　　　　]

(3) 次の説明に合う短歌または俳句を、記号で答えましょう。

① 終わったことを広い景色の中に印象づけている。
[　　　　]

② 近くから遠くへと取った景色を記している。
[　　　　]

③ 数を表す言葉から、感じ取ったことを強めている。
[　　　　]

熟語の意味

1 次の熟語は、どの組み合わせでできたものですか。あとから選んで、記号で答えましょう。(40点)1つ10

❶ 言語 [　　　　] ❷ 不満 [　　　　]

❸ 明暗 [　　　　] ❹ 便利 [　　　　]

ア　にた意味をもつ漢字の組み合わせ

イ　反対の意味をもつ漢字の組み合わせ

ウ　意味を打ち消す働きをもつ漢字との組み合わせ

2 次の熟語の意味を、〔例〕のように漢字を訓読みにして説明しましょう。(60点)1つ15

〔例〕少量（少しの量）

❶ 新作 [　　　　　　　　　　　　　　　]

❷ 落葉 [　　　　　　　　　　　　　　　]

❸ 近所 [　　　　　　　　　　　　　　　]

❹ 歩道 [　　　　　　　　　　　　　　　]

得点

月　日　　合かく 70点

1 次の文の主語に──線を、述語（じゅつご）に──線を引きましょう。（60点）　一つ15

① 妹（いもうと）は赤い服を着た。

② わたしはスキーが好きだ。

③ 地球も飛行機（ひこうき）もわたしたちが大切に守る。

④ 青い空にわたしたちが好きな本がある。

2 次の文を、[　]の中の言葉（ことば）が最初（さいしょ）に来るように書き直しましょう。（20点）

[お父さんが]

去年（きょねん）の服をお父さんがわたしにくれました。

3 次の──線を引いた文の主語は何ですか。主語がない文は、主語が省（はぶ）かれている[　]に○を書きましょう。　一つ10（20点）

① 「昨日（きのう）、ぼくは図書館（としょかん）へ本を三さつ借（か）りた。」

[　]

② 良太（りょうた）くんは、「二階（かい）の図書室で、本を読んでいます。」
「何をしていますか。」

[　]

104

修飾語 ①

1 次の文の修飾語に──線を引きましょう。

（50点）1つ10

① 空が とても 青い。

② 大きな 箱が ある。

③ 先生が にっこりと やさしく 笑う。

④ 急いで 行ったら なんとか 間に合った。

⑤ 角を 右に 曲がって ください。

2 次の──線の修飾語がくわしく説明している言葉を書きましょう。（50点）1つ10

① 美しい 花が さいた。　　　[　　　　　　　]

② ドアを ドンドンと たたく。　[　　　　　　　]

③ 地球には 多くの 生命体が 住んで いる。

　　　　　　　　　　　　　[　　　　　　　]

④ わたしは あなたの 町に 行って みたいです。

　　　　　　　　　　　　　[　　　　　　　]

⑤ みんなで 山道を のんびり 登る。

　　　　　　　　　　　　　[　　　　　　　]

1 次の──線の言葉が説明している言葉を後の（修飾語）からえらんで、記号で答えましょう。（40点）一つ10

1 おおぜいの人が集まりました。
　ア おおぜいの　イ 人が　ウ 集まり　エ ました。
[　　　　]

2 ぼくは、日曜日に国の公園で仲間と遊んだ。
　ア ぼくは　イ 日曜日に　ウ 公園で　エ 仲間と遊んだ。
[　　　　]

3 姉は図書館で日曜日に本を借りた。
　ア 姉は　イ 図書館で　ウ 日曜日に　エ 本を借りた。
[　　　　]

4 弟は少しおとなしくなった。
　ア 弟は　イ 少し　ウ おとなしく　エ なった。
[　　　　]

2 次の──線の言葉をくわしく説明する（修飾語）を二つ書きぬきましょう。（60点）一つ10

1 せんしゅは、おだやかにていねいに書きました。うつくしい人です。
[　　　　　　]・[　　　　　　]

2 妹は大きな白い犬をかった。
[　　　　　　]・[　　　　　　]

3 おねえさんは一人でにこにこ出かけた。
[　　　　　　]・[　　　　　　]

LESSON 107 作文①

1 次の文章の ⑦〜⑦ にあてはまる言葉を、□ の中から選んで書きましょう。（80点）一つ16

校外学習で、ゆう便事業所に行きました。
　［⑦］、事業所の人の話を聞きました。
　［⑦］、ゆう便をあて先ごとに分ける機械を見学しました。たくさんのゆう便が出されていることにおどろきました。［⑦］、機械がとても速く、ゆう便番号を読み取ることに感心しました。［⑤］、人には見えないバーコードをゆう便物に印刷することもしているそうです。
　［⑦］、あて先ごとのトラックを見送りました。

⑦［　　　　　　　　　　］　　⑦［　　　　　　　　　　］

⑦［　　　　　　　　　　］　　⑤［　　　　　　　　　　］

⑦［　　　　　　　　　　］

そのうえ　次に　最後に　また　初めに

2 次の言葉を使って、短い文を作りましょう。（20点）
・心地よい

［　　　　　　　　　　　　　　　　　　　　　　　　　　　　］

1 次の文章を読んで、問いに答えましょう。

①お兄ちゃん ②お元気ですか。③大学生活を楽しんでいますか。④来月はたしか、お兄ちゃんの二十さいのたん生日ですね。⑤それなので、一人ぐらしのお兄ちゃんにもなれ⑥手作りのお休みの日曜日にお祝いしたいと思います。⑦アーツのたん生日は来週の日曜日で、家族全員で待っています。⑧体に気をつけて、必ず帰ってきてくださいね。

⑨さようなら。

⑩十月十八日

⑪由美

⑫お兄ちゃんへ

(1) この手紙の大事なことがらはどこですか。□に、番号で書きましょう。(60点)一つ30

[　　　][　　　]

(2) 前文、末文は、それぞれ何番の文ですか。すべて書きましょう。(40点)一つ20

前文 [　　　　　　　　]

末文 [　　　　　　　　]

1 次の文章を読んで、問いに答えましょう。

　こんな夜に、おしっこに行きたくなったらいやだな。

　そう思ったとたん、ほんとうにおしっこがしたくなった。

　まだ、こなびかりがして、こんどはズズンと、おなかにひびくような音がした。

　そうだ、父さんも母さんも、きっと雷の音で目をさましているにちがいない。

　タモちゃんは、ベッドから起きあがると、そっとへやを出た。階段の電灯をつけて、①ガタンと大きな音をたてながら階下におりる。

　母さんたちのへやは、まっ暗だった。

　へやの前のろうかを、タモちゃんは、ドスンドスンと足音をたてながら歩いた。

　しかし、ガラス戸の中からは、②せきばらいひとつ聞こえなかった。

（那須正幹「タモちゃん」）

(1) ――線①とありますが、どうしてガタンと大きな音をたてたのですか。（60点）

[　　　　　　　　　　　　　　　　　　　　　　　]

(2) ――線②とは、どういうことですか。（40点）

[　　　　　　　　　　　　　　　　　　　　　　　]

⑤ 説明文を読む

1 次の文章を読んで、問いに答えましょう。

野焼きにはわけがあります。それはなぜでしょう。①土器をならべて、土器を焼きしめる地面がつたわってしまうことがあります。焼きしめる地面をほってから、そこに土器をならべて、その上からもやしてやきます。野焼きはとてもねつくいものですが、それは、器から蒸発する熱が大切なのです。その熱をにがさないためにゆっくりと焼くのです。また、②風のない日に野焼きをするのは、（かまやきは土器を火の中に入れてやくのですが、）風の強い日だと、火が下からもえひろがって、土器がわれてしまうからに、土がかぶせてある火が下から土器へ、熱がつたわるようにくふうするのです。

（神崎宣武「さかな」）

(1) ──線①とありますが、それはなぜですか。（30点）

［　　　　　　　　　　　　　　　　　］

(2) (1)を行うのは、何のためですか。（40点）

［　　　　　　　　　　　　　　　　　］

(3) ──線②の理由が書かれている一文に──線を引きましょう。（30点）

英語

① アルファベットの復習（大文字）1ページ

1 (1) E (2) T (3) W

(4) G

2

A	R	I	J	K	N	X	L	Q	H
B	G	J	I	L	S	V	W	F	B
C	D	E	H	M	N	P	D	W	X
B	O	F	G	P	O	T	U	V	Y
K	M	T	Y	Q	R	S	Q	X	Z

アドバイス 形に気をつけて、アルファベットを正しく覚えましょう。

② アルファベットの練習（大文字）2ページ

1 (1) B (2) F (3) J

(4) Q

2 (1) C D E F G

(2) J K L M N

(3) Q R S T U

(4) V W X Y Z

≫考え方 ならべたあとに声に出して正しい順番か確認しましょう。

③ アルファベットの復習（小文字）3ページ

1 (1) a (2) e (3) n

(4) p (5) t (6) v

2

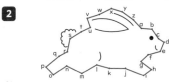

アドバイス 大文字と小文字をならべて書いて、それぞれの形を確認しましょう。

④ アルファベットの練習（小文字）4ページ

1 (1) b (2) d (3) j

(4) n (5) v (6) z

2 (1) e f g h i

(2) k l m n o

(3) p q r s t

(4) u v w x y

アドバイス 形のよくにたアルファベットにはとくに注意しましょう。

⑤ 単語の練習（数）5ページ

2 (1) ●●●●●○○○○○

(2) ●●●●●●●○○○

アドバイス 指で数を数えながら英語の数の数え方を覚えましょう。

⑥ 単語の練習（曜日） 6ページ

2 Monday

♪アドバイス 曜日はいつも大文字で書き始めることに注意しましょう。

⑦ 単語の練習（食べ物） 7ページ

2 (1) apple

(2) cake

♪アドバイス 英語での食べ物の名前を調べてみましょう。

⑧ 単語の練習（スポーツ，動物） 8ページ

2 (1) baseball

(2) dog

♪アドバイス スポーツの名前は，日本語でも同じ言い方をするものがたくさんあります。

⑨ あいさつ，～が好きです 9ページ

2 ネコ，ケーキ

♪アドバイス 英語でのあいさつのしかたを覚えることは，英語の勉強の第一歩です。

⑩ これは何？ きみはだれ？ 10ページ

2 What is this?

♪アドバイス 身の回りのものについて，「これは何ですか？」とたずねる練習をしましょう。

⑪ 今日の天気は？ 11ページ

2 (1) sunny (2) cloudy

♪アドバイス 天気のマークを見ながら，英語での言い方を覚えましょう。

⑫ いくつかな？ 何時ですか？ 12ページ

2 (1) Three

(2) ten

≫考え方 英語での数の言い方を覚えたら，英語で時刻を表す練習をしましょう。

⑬ ～を持っていますか？ ～を持っています。 13ページ

2

(1) ・ I have a pencil.
(2) ・ I have an eraser.
・ I have a book.

♪アドバイス かばんの中の持ち物を英語で説明してみましょう。

⑭ 何がほしいですか？ ～がほしいです。 14ページ

2

(1) ・ I want food.
(2) ・ I want a pencil.
・ I want water.

♪アドバイス 友達とペアになって，「わたしは～がほしいです。」と言う練習をしましょう。

算数

1

❶
```
   12
7)84
   7
   14
   14
    0
```

❷
```
   24
2)48
   4
   8
   8
   0
```

❸
```
   19
5)95
   5
   45
   45
    0
```

❹
```
   17
3)52
   3
   22
   21
    1
```

❺
```
   24
4)99
   8
   19
   16
    3
```

❻
```
   13
6)80
   6
   20
   18
    2
```

≫考え方 わり算の計算を筆算でするときは「商をたてる」→「かける」→「ひく」→「おろす」の順にくり返します。
商をたてる位，かけた数を書くところなど，位をそろえて書くようにしましょう。

2 16 こになって，2 こあまる。

≫考え方 50÷3＝16 あまり2

1

❶
```
    112
4)448
   4
   4
   4
   8
   8
   0
```

❷
```
    225
3)675
   6
   7
   6
   15
   15
    0
```

❸
```
    129
4)517
   4
   11
    8
    37
    36
     1
```

❹
```
    64
6)384
   36
   24
   24
    0
```

❺
```
    107
4)428
   4
   28
   28
    0
```

❻
```
    43
7)302
   28
   22
   21
    1
```

≫考え方 商をたてる位をまちがえないようにしましょう。「ひく」「おろす」のあと，おろした数がわる数より小さいときは，その位の商は0になり，もう1つ右の位から数をおろすようにします。

2 27 ふくろできて，5 まいあまる。

≫考え方 248÷9＝27 あまり5

1

(1) 3 度

(2) 午後 1 時から午後 2 時までの 1 時間で，4 度

(3)

中庭の1時間ごとの気温の変わり方
（7月2日調べ）

1

(1)

	ある	ない	合計
ある	3人	7人	10人
ない	21人	5人	26人
合計	24人	12人	36人

(2) 3人　(3) 5人

(4) ゲーム機はあるが，パソコンはない人

(5) 24 人

1 ❶ 90 　❷ 360

2 ❶ 45° 　❷ 95° 　❸ 330°

❹ 240°

≫≫考え方 180°より大きい角は，その反対側の角の大きさをはかり，360°からその角の大きさをひけば求めることができます。

⑳ 角の大きさ ②　　　**20ページ**

1 ⓐ 145°　ⓘ 35°　ⓤ 145°

≫≫考え方 ⓐの角は，180−35＝145　で求めることができます。

2 ❶

❷

3 ⓐ 75°　ⓘ 15°　ⓤ 60°

≫≫考え方 ⓐ30＋45＝75，ⓘ60−45＝15，ⓤ90−30＝60　で求めることができます。

㉑ 1億より大きい数 ①　　　**21ページ**

1 (1)一兆の位　(2)9
(3)七兆二千四百八十九億五千百六万三百

≫≫考え方 7:2489:5106:0300　と，4けたずつ区切り，左の区切りの線から兆，億，万を入れて読みます。

2 ❶ 25183000000
❷ 600203050000
❸ 120031070010000
❹ 4000500000000

㉒ 1億より大きい数 ②　　　**22ページ**

1 ❶ 200150010300000
❷ 703040000
❸ 6000000000000
❹ 1000000000

≫≫考え方 位ごとの数がそれぞれいくつになるかを考え，あとでたしあわせます。

2 ❶ 820億　❷ 4兆300億
❸ 3億5000万　❹ 2000億

≫≫考え方 ある数を10倍，100倍すると，位は1けた，2けたと上がり，10でわると，位は1けた下がります。

㉓ わり算の筆算 ③　　　**23ページ**

1
❶
```
    6
12)72
   72
    0
```
❷
```
    3
21)63
   63
    0
```
❸
```
    8
12)96
   96
    0
```
❹
```
    9
11)99
   99
    0
```
❺
```
    3
13)39
   39
    0
```
❻
```
    6
15)90
   90
    0
```

≫≫考え方 筆算は，商をたてる位をまちがえないようにしましょう。

2 4まい

≫≫考え方 52÷13＝4

㉔ わり算の筆算 ④　　　**24ページ**

1
❶
```
    6
14)93
   84
    9
```
❷
```
    3
23)85
   69
   16
```
❸
```
    4
17)70
   68
    2
```
❹
```
    4
12)59
   48
   11
```
❺
```
    4
15)63
   60
    3
```
❻
```
    3
27)89
   81
    8
```

2 5本とれて，1cmあまる。

≫≫考え方 91÷18＝5あまり1

㉕ わり算の筆算 ⑤　　　**25ページ**

1
❶
```
     4
79)316
   316
     0
```
❷
```
     9
16)144
   144
     0
```
❸
```
     9
78)702
   702
     0
```

④
$$\begin{array}{r} 6 \\ 18\overline{)113} \\ \underline{108} \\ 5 \end{array}$$
⑤
$$\begin{array}{r} 6 \\ 37\overline{)236} \\ \underline{222} \\ 14 \end{array}$$
⑥
$$\begin{array}{r} 8 \\ 59\overline{)490} \\ \underline{472} \\ 18 \end{array}$$

2 6まいになって，4まいあまる。

≫考え方 $418 \div 69 = 6$ あまり 4

㉖ わり算の筆算 ⑥　　　　26 ページ

1 ❶
$$\begin{array}{r} 38 \\ 22\overline{)836} \\ \underline{66} \\ 176 \\ \underline{176} \\ 0 \end{array}$$
❷
$$\begin{array}{r} 42 \\ 16\overline{)672} \\ \underline{64} \\ 32 \\ \underline{32} \\ 0 \end{array}$$
❸
$$\begin{array}{r} 22 \\ 21\overline{)462} \\ \underline{42} \\ 42 \\ \underline{42} \\ 0 \end{array}$$

❹
$$\begin{array}{r} 17 \\ 51\overline{)867} \\ \underline{51} \\ 357 \\ \underline{357} \\ 0 \end{array}$$
❺
$$\begin{array}{r} 17 \\ 23\overline{)398} \\ \underline{23} \\ 168 \\ \underline{161} \\ 7 \end{array}$$
❻
$$\begin{array}{r} 22 \\ 31\overline{)708} \\ \underline{62} \\ 88 \\ \underline{62} \\ 26 \end{array}$$

2 28グループできて，18人あまる。

≫考え方 $718 \div 25 = 28$ あまり 18

㉗ 垂直と平行 ①　　　　27 ページ

1 ❶垂直　❷平行

2 (1)(イ)と(カ)，(エ)と(ク)

　　(2)(ア)と(ウ)，(オ)と(キ)

㉘ 垂直と平行 ②　　　　28 ページ

1
ア
(イ)
(ウ)
(エ)

2

---

3 ⓐ 50°　ⓘ 130°

㉙ 四角形 ①　　　　29 ページ

1 ❶ひし形（平行四辺形）　❷台形

2 (1)5 cm　(2)100°

≫考え方 平行四辺形は，向かい合う辺の長さが等しく，向かい合う角の大きさも等しくなっています。

3

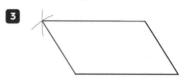

≫考え方 平行四辺形の向かい合う辺の長さは等しいことから，図を完成させます。

㉚ 四角形 ②　　　　30 ページ

1 ❶ひし形　❷長方形　❸正方形
　❹平行四辺形

2 ❶台形　❷ひし形，正方形
　❸平行四辺形，ひし形，長方形，
　正方形

㉛ 面 積 ①　　　　31 ページ

1 ❶たて，横（横，たて）
　❷1辺，1辺

2 ❶54 cm²　❷121 cm²
　❸60 m²　❹81 m²

3 12 m

㉜ 面 積 ②　　　　32 ページ

1 例

>>考え方 1辺が1cmの正方形の面積が
1cm² ですから，この正方形6こ分の大き
さで，いろいろな形をつくりましょう。

2 95 m²

>>考え方 長方形から正方形の面積をひいて，
10×12=120　5×5=25
120−25=95
と求めることができます。また，形を3つ
に分けて，**それぞれの面積をたす方法**もあ
ります。

3 ❶10000　❷1000000
　　❸100　❹10000

㉝ **およその数と見積もり**　33ページ

1 ❶18000　❷90000
　　❸5900　❹2700

2 ❶9000　❷49000

>>考え方 それぞれの数を千の位までのがい
数にしてから計算します。

3 30000円

>>考え方 電車代を1人約300円，人数を
約100人として見積もり，
300×100=30000 で求めることがで
きます。

㉞ **計算のきまり**　34ページ

1 ❶32　❷2.8　❸83
　　❹12

2 ❶169　❷15.9　❸34000
　　❹11200　❺1470　❻25

>>考え方 次のように計算をくふうすること
ができます。
❶69+(75+25)=169
❷(8.3+1.7)+5.9=15.9

---

❸(8×125)×34=34000
❹112×(4×25)=11200
❺100×15−2×15=1470
❻(136−36)÷4=25

㉟ **小　数**　35ページ

1 ❶0.045　❷0.703
　　❸0.59　❹0.62

2 ❶0.54kg　❷2.805km

3 ❶>　❷>

>>考え方 小数の大小は，大きい位からくら
べて考えます。

㊱ **小数のたし算とひき算**　36ページ

1 ❶　　48.1　　❷　　3.59
　　　+26.8　　　　+4.82
　　　　74.9　　　　8.41

　　❸　　0.27　　❹　　76.5
　　　+5.98　　　　−34.9
　　　　6.25　　　　41.6

　　❺　　4.83　　❻　　8
　　　−2.96　　　　−0.71
　　　　1.87　　　　7.29

2 1.21 L

>>考え方 0.85+0.36=1.21

3 31.96 kg

>>考え方 32.6−0.64=31.96

㊲ **小数のかけ算 ①**　37ページ

1 ❶0.8　❷3　❸0.09
　　❹0.8

2 ❶　　1.9　　❷　　5.6　　❸　20.3
　　　×　3　　　　×　4　　　×　8
　　　　5.7　　　22.4　　　162.4

116

④ 0.87
× 2
1.74

⑤ 3.17
× 5
15.85

⑥ 4.92
× 3
14.76

≫考え方 小数のかけ算の筆算は，整数のかけ算の筆算と同じように計算してから，小数点を打ちます。

3 1.44 L

≫考え方 0.36×4=1.44

㊳ 小数のかけ算 ② 　　38ページ

1
① 2.7
×12
54
27
32.4

② 6.4
×38
512
192
243.2

③ 18.3
× 17
1281
183
311.1

④ 0.57
× 24
228
114
13.68

⑤ 4.09
× 59
3681
2045
241.31

⑥ 7.63
× 40
305.20

2 9.1 kg

≫考え方 0.65×14=9.1

3 46.08 m

≫考え方 2.56×18=46.08

㊴ 小数のわり算 ① 　　39ページ

1 ①0.2 ②0.8 ③2.3
④0.04

2
① 4.9
2)9.8
8
18
18
0

② 4.3
4)17.2
16
12
12
0

③ 1.09
3)3.27
3
27
27
0

④ 4.6
18)82.8
72
108
108
0

⑤ 0.3
28)8.4
84
0

⑥ 0.7
75)52.5
525
0

≫考え方 商の小数点を打つこと以外は，整数のわり算と同じように計算します。

3 2.1 m

≫考え方 25.2÷12=2.1

㊵ 小数のわり算 ② 　　40ページ

1
① 1.25
6)7.5
6
15
12
30
30
0

② 2.08
15)31.2
30
120
120
0

③ 11.75
8)94
8
14
8
60
56
40
40
0

2
① 7 ／ 0.66
24)160
144
160
144
16

② 1.93
3)5.8
3
28
27
10
9
1

③ 6 ／ 0.56
14)7.89
70
89
84
5

≫考え方 商を小数第1位まで求めるときは，小数第2位まで計算して，小数第2位を四捨五入します。

3 (1)3.25L　(2)4本

≫考え方 (1) 6.5÷2=3.25
(2) 6.5÷2=3 あまり 0.5　3+1=4 ですから，びんは4本必要です。

㊶ 分　数 ①　　41ページ

1 ❶真分数　❷仮分数　❸帯分数

2 (左から) $\dfrac{1}{7}$, $1\dfrac{4}{7}\left(\dfrac{11}{7}\right)$,

$2\dfrac{5}{7}\left(\dfrac{19}{7}\right)$

3 ❶＜　❷＞

≫考え方 分子が分母より大きい分数は，1より大きい分数です。また，分子が同じ分数は，分母の小さいほうが大きくなります。

㊷ 分　数 ②　　42ページ

1 ❶$2\dfrac{1}{3}$　❷$3\dfrac{3}{4}$　❸$\dfrac{8}{5}$

❹$\dfrac{25}{7}$　❺12　❻16

≫考え方 仮分数を帯分数になおすときは，分子を分母でわって，商を整数部分にし，あまりを分子にします。

2 (順に) $3\dfrac{2}{6}$, $\dfrac{19}{6}$, $1\dfrac{5}{6}$, $\dfrac{7}{6}$

3 ❶$\dfrac{2}{8}$, $\dfrac{3}{12}$　❷$\dfrac{6}{10}$, $\dfrac{9}{15}$

㊸ 分数のたし算　　43ページ

1 ❶$1\left(\dfrac{5}{5}\right)$　❷$1\dfrac{2}{9}\left(\dfrac{11}{9}\right)$

❸$3\dfrac{3}{4}\left(\dfrac{15}{4}\right)$　❹$3\dfrac{2}{8}\left(\dfrac{26}{8}\right)$

❺$4\dfrac{2}{6}\left(\dfrac{26}{6}\right)$　❻$7\dfrac{3}{7}\left(\dfrac{52}{7}\right)$

❼$8\left(\dfrac{16}{2}\right)$　❽$9\dfrac{3}{4}\left(\dfrac{39}{4}\right)$

2 $2\dfrac{3}{12}\left(\dfrac{27}{12}\right)$L

≫考え方 $\dfrac{5}{12}+1\dfrac{10}{12}=1+\dfrac{15}{12}=2\dfrac{3}{12}$

㊹ 分数のひき算　　44ページ

1 ❶$\dfrac{6}{5}\left(1\dfrac{1}{5}\right)$　❷$\dfrac{3}{7}$

❸$3\dfrac{5}{9}\left(\dfrac{32}{9}\right)$　❹$3\dfrac{2}{3}\left(\dfrac{11}{3}\right)$

❺$1\dfrac{4}{8}\left(\dfrac{12}{8}\right)$　❻$2\dfrac{3}{5}\left(\dfrac{13}{5}\right)$

❼$2\dfrac{1}{2}\left(\dfrac{5}{2}\right)$　❽$\dfrac{1}{3}$

2 $1\dfrac{4}{9}\left(\dfrac{13}{9}\right)$m

≫考え方 $3\dfrac{2}{9}-1\dfrac{7}{9}=1\dfrac{4}{9}$

㊺ 直方体と立方体 ①　　45ページ

1 ❶直方体　❷立方体　❸直方体

2 (1)8つ

(2)2つずつ3組

(3)4つずつ3組

≫考え方 直方体は，向かい合う面が必ず同じ形で同じ大きさの長方形か正方形になっています。

3

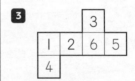

㊻ 直方体と立方体 ②　　46ページ

1 (1)面か

(2)面い, 面う, 面え, 面お

(3)辺エウ, 辺オカ, 辺クキ

(4)辺アエ, 辺アオ, 辺イウ, 辺イカ

2 (例)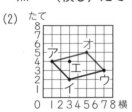

>>>考え方 右のようなてん開
図もあります。
全部で4通りあります。

㊼ **ものの位置の表し方** 　**47ページ**

1 (1)点イ…(横3，たて2)

　　点ウ…(横7，たて3)

　　点エ…(横3，たて4)

(2)

(3)(横5，たて5)

㊽ **変わり方** 　**48ページ**

1 (1)(左から) 4，8，12，16，
　20，24，28

(2)○×4=△

(3)80cm　(4)24だん

>>>考え方 (3) だんの数を○だん，まわりの
長さを△cmとすると，○×4=△ の式で
表されるので，20×4=80 で求めること
ができます。
(4) ○×4=△ ですから，○=△÷4 とな
ります。96÷4=24 で求めることがで
きます。

社会

㊾ **日本の都道府県** 　**49ページ**

1 (1)47

(2)①秋田県　②茨城県

　③静岡県　④京都府

　⑤宮崎県　⑥鹿児島県

(3)北海道

>>>考え方 (1)・(2)日本には，都と道が1つずつ，
府が2つ，県が43あります。都道府県の
位置と名まえを覚えるときには，その都道
府県の特ちょうもいっしょに覚えましょう。
(3)北海道は大きな1つの島で1つの都道府
県になっています。また，最も面積が大き
い都道府県です。

㊿ **都道府県のようす ①** 　**50ページ**

1 (1)①近畿　②日本海

(2)ウ・エ(順不同)

(3)徳島県

>>>考え方 (2)対馬は，長崎県にふくまれます。
兵庫県の交通は，大阪府や岡山県，鳥取県，
京都府へつながる東西のものがあります。
また，南部では鉄道や高速道路があみの目
のように広がっています。
(3)大鳴門橋は兵庫県と徳島県を結んでい
ます。徳島県は四国地方の県です。

51 **都道府県のようす ②** 　**51ページ**

1 (1)佐賀県

(2)①イ　②ア　③ウ

(3)ウ

>>>考え方 (2)アの地いきには，県庁所在地で
ある福岡市がふくまれ，福岡空港があり，
多くの工場や住たく，商店があります。高
い山が多いイの地いきには，英彦山があり

ます。平野が広がる**ウ**の地いきでは，筑紫_{くし}平野で米の生産_{せいさん}がさかんです。それぞれの地いきの特ちょうをつかんでおきましょう。

52 地図の見方　52ページ

1 (1)等高線　(2)イ

≫≫**考え方** (1)等高線の線につけられた数字は，高さを表しています。

(2)等高線の間かくがせまいとけいしゃが急に，広いとけいしゃがゆるやかになります。

2 (1)しゅくしゃく　(2)約1000m
(3)北

≫≫**考え方** (2)まず，地図の左下にあるしゅくしゃくのものさしの長さをはかりましょう。この地図が500mのきょりを2cmにちぢめてかかれていることがわかります。交番と寺との間は地図で約4cmなので，実_{じっ}際_{さい}のきょりは500mを2倍して，約1000mとなります。

53 ごみのしょ理と利用 ①　53ページ

1 (1)うめ立てしょ分場

(2)①○　②×　③×　④○

≫≫**考え方** (1)もえるごみは，清_{せい}そう工場で1000度近い高温でもやされます。ごみはもやしてはいになると，大きさが約20分の1，重さが約5分の1になり，かさがへります。しかし，いくらかさがへっても，ごみが多いとうめ立て地がいっぱいになってしまい，ごみをしょ理することができなくなってしまいます。

(2)②清そう工場は有害_{ゆうがい}なガスを取りのぞく機_{きかい}械を使っています。③家庭から出たごみはすべてもやさず，ペットボトルやかん，びんなどはしげんとして**リサイクル**でふたたび使えるようにします。

54 ごみのしょ理と利用 ②　54ページ

1 (1)イ　(2)へっている。

≫≫**考え方** グラフの単_{たんい}位が「万人」と「万t^{トン}」なので，左側の目もりが人口，右側の目もりがごみの量を表していることがわかります。

2 ①鉄製品_{てつせいひん}　②衣類_{いるい}
③トイレットペーパー

≫≫**考え方** ごみをへらすためやしげんを節約_{せつやく}するため，ごみの分別_{ぶんべつ}が行われています。しげんごみを再利用_{さいりよう}することを「リサイクル」，製品を何度もくり返し使うことを「リユース」といいます。ごみをへらす「リデュース」とあわせて3R^{スリーアール}といいます。ただリサイクルをすればいいだけではなく，ごみを出さないくふうも必要_{ひつよう}です。

55 くらしをささえる水 ①　55ページ

1 (1)じょう水場

(2)①ウ　②イ　③エ　④ア

(3)ダム

≫≫**考え方** ダムや川などから取り入れられた水は，そのままでは飲むことができないため，じょう水場に送られます。じょう水場では，どろやごみ，目に見えないよごれなどを取りのぞき，安全な水を家庭や工場などに送っています。

56 くらしをささえる水 ②　56ページ

1 ア・ウ(順不同_{じゅんふどう})

≫≫**考え方** 横浜市_{よこはま}では水の再利用_{さいりよう}をすすめています。下水をしょ理して，もう一度トイレの流し水として使用するなどして，会社や工場が使う水をへらす努力_{どりょく}をしています。

2 ①森林　②多い

57 自然災害から人々を守る ①　57ページ

1 ①○　②×　③○　④×

≫≫**考え方** ②は，地いきの人々_{ひとびと}が事故_{じこ}や事件_{じけん}から子どもたちの安全を守るための活動です。④は，家庭や学校などでのごみ出しの

ルールです。地震にそなえて学校がどのようなことを行っているのか，かくにんしておきましょう。

2 ウ

⑤⑧ 自然災害から人々を守る ② 58ページ

1 ❶ウ ❷ア ❸イ ❹イ

》考え方 自然災害がおこったとき，市や地いき，個人で行うことはちがいますので，それぞれかくにんしておきましょう。また，日ごろから自然災害がおこったときに，自分は何ができるかを，考えておきましょう。

2 自衛隊

》考え方 自然災害がおこったとき，自衛隊は国からの命令を受けて，ひさい地にはけんされます。自然災害以外でも，飛行機や船の事故がおこったときの救助や，病院がないり島などでのかん者のはん送なども行っています。

⑤⑨ 昔から伝わる行事 59ページ

1 (1)①カ ②イ ③エ ④ウ
　　⑤オ ⑥ア
(2)⑤2月 ⑥5月

》考え方 (1)正月には，新しい年を祝い，門松やおせち料理を用意したり，1年の無事をいのり，神社や寺に，初もうでに行ったりします。ひな祭りは，ももの節句に，ひな人形のほか，ひしもちやももの花などをかざり，女の子の幸せをいのる行事です。

⑥⓪ 地いきの発てんにつくした人々 60ページ

1 (1)吉田勘兵衛 (2)大雨
(3)11年
(4)村名…横浜
　　ふえた量…123石

》考え方 (1)新田に「吉田新田」と名付けら

れたことからも，中心人物がわかります。
(4)それぞれの村で，新田が完成する前と後で，米のとれた量がどれだけふえたか計算します。海をうめ立てるときに使った土は，周辺の村の山などをけずったものでした。このため，周辺の村では平地がふえて水田が広がり，米のとれる量がふえました。

⑥① 特色ある地いきのようす ① 61ページ

1 (1)①キ ②オ ③ク ④ア
　　⑤エ ⑥イ ⑦ウ ⑧カ
(2)①× ②○ ③× ④×

》考え方 伝統産業は，昔から受けつがれてきたぎじゅつや材料を使って，おもに手作業で製品をつくる産業です。製品には，おり物・とうじ器・しっ器(うるしぬり)・そめ物・和紙などの日用品が多くあります。近年，伝統産業の職人を目指すわかい人がへっており，ぎじゅつがとだえてしまうのではないかと心配されています。
(2)①製品は古くから伝わる形やもようが外国や日本で人気です。③・④手作業で作るため，製品ごとにちがいがあり，ねだんも安くありません。

⑥② 特色ある地いきのようす ② 62ページ

1 イ・エ(順不同)

》考え方 兵庫県は，さまざまな国と交流し，おたがいの理解を深めて助け合おうとしています。外国からの観光客も多いです。

2 ❶ぼうえき ❷船
❸中国や朝鮮半島

》考え方 外国と，さまざまな物を売り買いすることをぼうえきといいます。神戸港は日本のぼうえき港のなかでも中心的な役わりをしている港の1つです。アメリカやヨーロッパとは，約150年前からぼうえきが始まりました。

理科

㉖ 生き物のくらし（春）　63ページ

1 ❶イ　❷ア　❸エ

》》考え方 春になるとあたたかくなって，こん虫などが活動を始めます。ナナホシテントウの成虫はたまごを産み，オオカマキリのたまごからよう虫がかえります。また，南の国からツバメがやってきて，巣をつくり，たまごを産みます。

2 (1)ア　(2)イ

㉖ 生き物のくらし（夏）　64ページ

1 ❶オ　❷イ　❸エ

》》考え方 オオカマキリは，よう虫も成虫も虫をつかまえて食べます。

2 ❶ア　❷ウ

》》考え方 春から夏にかけて，気温が高くなります。多くの植物は，気温が高くなると，えだやくきがのびたり，葉の数がふえてよりこい緑色になったりして，よく育つようになります。

㉖ 天気と気温の変化　65ページ

1 ❶ア　❷オ　❸カ　❹ク

2 (1)イ
　　(2)気温の変化が小さいから。
　　(3)(午後)2（または14）

》》考え方 1日の気温の変化は，天気によって変わります。いっぱんに，晴れの日の1日の気温は，朝と夕方は低く，午後2時（14時）ごろに最も高くなります。また，1日の気温の変化は大きく，山のような形のグラフになります。雨やくもりの日の1日の気温は，あまり変わりません。

㉖ 電気のはたらき　66ページ

1 ❶電流　❷イ　❸ぎゃく（反対）

》》考え方 電流は，かん電池の＋極からー極に向かって流れます。かん電池の向きをぎゃくにすると，電流の向きがぎゃくになるので，モーターはぎゃく向きに回ります。

2 (1)①直列つなぎ
　　　②へい列つなぎ
　　(2)①

》》考え方 ①のように，かん電池の＋極と別のかん電池のー極を次々とつなぐつなぎ方を直列つなぎといいます。直列つなぎは，かん電池1このときよりも電流の大きさが大きくなり，モーターがはやく回ります。②のように，かん電池の＋極どうし，ー極どうしをまとめてつなぐつなぎ方をへい列つなぎといいます。へい列つなぎでは，電流の大きさやモーターの回るはやさはかん電池1このときと同じぐらいです。かん電池のへい列つなぎでは，かん電池の直列つなぎやかん電池1このときにくらべ，モーターを長い時間回すことができます。

㉖ 星の動き　67ページ

1 ❶はくちょう　❷デネブ
　　❸ベガ　❹アルタイル

2 (1)①カ　②エ
　　(2)①ア　②イ

》》考え方 星には，白っぽい星や，さそりざのアンタレスのように赤っぽい星など，いろいろな色のものがあります。また，星の明るさは，明るいものから順に1等星，2等星，3等星…と分けられていて，夏の大三角をつくるはくちょうざのデネブ，ことざのベガ，わしざのアルタイルは，いずれも1等星です。

122

⑱ 月の動き　　68ページ

1 (1)ア…三日月　ウ…半月
　　　エ…満月(まんげつ)
　　(2)(ア→)エ(→)ウ(→)イ

2 (1)①イ　②ア　③ウ　④ク
　　(2)①オ　②キ

≫考え方 月の動きは太陽の動きとにており，東のほうから出て，南の空を通り，西のほうへとしずみます。この動きは，どの形の月でも同じです。
　月の形は，日がたつにつれて変(か)わっていきます。月の形がちがうと，見える時こくと位置(いち)もちがいます。**満月**は，夕方に東からのぼり，真夜中に南の空を通り，夜明けに西にしずみます。右半分の**半月**は，夕方に南の空に見え，真夜中に西にしずみます。

⑲ 空気と水のせいしつ　　69ページ

1 (1)①イ　②ア
　　(2)①オ　②ウ

≫考え方 空気はおしちぢめることができますが，水はおしちぢめることができません。

2 (1)ア　(2)ウ

≫考え方 注しゃ器にとじこめた空気をピストンでおすと，おす力が強いほど，空気の体積(たいせき)は小さくなります。空気の体積が小さくなるほど，もとにもどろうとする力は大きくなってピストンをおし返すので，手ごたえも大きくなります。

⑳ 人のからだのつくり　　70ページ

1 ❶ほね　❷きん肉　❸関節(かんせつ)

2 ❶ウ　❷イ　❸ア　❹エ
　　❺オ　❻オ　❼エ

≫考え方 ほねとほねのつなぎ目を**関節**といいます。ほねのまわりにあるきん肉がちぢんだり，ゆるんだりすることによって，関節でうでやあしを曲げてからだを動かすことができます。このように，ほねときん肉のはたらきによって，人は運動することができるのです。
　ウサギやハトなどの動物にも，ほねやきん肉，関節があり，人と同じようなしくみで運動しています。

㉑ 生き物のくらし（秋）　　71ページ

1 ❶実　❷くき　❸茶　❹たね

2 ❶イ　❷ウ　❸ア

≫考え方 秋になると，気温が下がり，すずしくなります。すずしくなると，動物は活動がにぶくなり，すがたがあまり見られなくなりますが，キリギリスやコオロギなどはこのころ成虫(せいちゅう)になり，さかんに鳴くようになります。また，ツバメはあたたかい南の国へ飛び立っていきます。植物は，たねを残(のこ)してかれたり，葉の色が変(か)わり，やがて葉を落とすものが多いです。

㉒ 生き物のくらし（冬）　　72ページ

1 ❶ウ　❷エ　❸イ　❹オ　❺ア
　　❻カ

≫考え方 動物や植物の多くは，寒い冬をこすために，土の中やかれ葉の下などでじっとしていたり，たまごやさなぎ，たねのすがたですごします。ツバメは，冬にはあたたかい南の国でくらすので，日本では見ることができません。ナナホシテントウは，寒い冬，かれ葉や木の皮の下などですごしますが，あたたかい日は食べ物をさがしたりして，活動します。

2 （ア→）エ(→)ウ(→)オ(→)イ

�73 温度と体積　　　73ページ

1 (1)ふくらむ。

(2)試験管（<ruby>しけんかん</ruby>）の中の空気があたためられて体積（<ruby>たいせき</ruby>）が大きくなるから。

2 (1)①下がる。　②上がる。

(2)空気（→）水（→）金ぞく

>>考え方　いっぱんに，ものをあたためると体積が大きくなり，冷やすと体積が小さくなります。あたためたり冷やしたりしたときの体積の変化（<ruby>へんか</ruby>）は，空気が最も（<ruby>もっと</ruby>）大きいです。金ぞくもあたためたり，冷やしたりすると体積が変わり（<ruby>か</ruby>）ますが，体積の変化はわずかです。

㉔ もののあたたまり方　　　74ページ

1 図１…ア（→）イ（→）ウ

図２…カ（→）オ（→）エ

2 (1)記号…イ

理由…あたためられた水は，

上に動くから。

(2)ア

>>考え方　金ぞくは熱（<ruby>ねつ</ruby>）を順番（<ruby>じゅんばん</ruby>）に伝えて（<ruby>つた</ruby>）いきます。したがって，熱（<ruby>ねっ</ruby>）したところから近い順に温度が高くなっていきます。一方，水や空気は熱せられると上に動きます。試験管（<ruby>けんかん</ruby>）に入れた水の上部をあたためた場合，あたためられた水は，あたためた場所より上に動き，下へなかなか動いていきません。その結果（<ruby>けっか</ruby>），試験管の下のほうはあたたまりにくくなるのです。

㉕ 雨水のゆくえと地面　　　75ページ

1 (1)①イ　②ア　(2)エ

2 (1)①　(2)ア

>>考え方　水はつぶの大きさが大きいほどはやくしみこみます。

㉖ 水の変化とゆくえ　　　76ページ

1 ❶イ　❷ウ　❸ア

2 (1)①ふっとう　②100

③変わらない（<ruby>か</ruby>）（変化しない（<ruby>へんか</ruby>））

④湯気

(2)①0　②変わらない

③大きくなる

>>考え方　水は100℃近くになると，水中からあわが出てわきたちます。これをふっとうといいます。このとき水中から出てくるあわは，水が水じょう気になったもので，水じょう気が空気中で冷やされると湯気（液体（<ruby>えきたい</ruby>）の水のつぶ）になります。また，水を冷やすと，0℃で氷になります。このとき，体積（<ruby>たいせき</ruby>）は水のときよりも大きくなります。

　水がふっとうしている間や，水がすべて氷に変わるまでの間は，どちらも温度が変わりません。

国語

77 漢字の読み書き ① 77ページ

1
❶いいんかい　❷もんどう
❸とうばん　❹とんや(といや)
❺てじな　❻てっきょう
❼けんきゅう　❽びょうどう

2 ❶出発・集まる
❷美しい・地球

78 漢字の読み書き ② 78ページ

1
❶校庭・遊ぶ
❷終業式・始まる
❸主人・仕える

2 ❶対・待　❷明ける・開ける

≫考え方 同じ音や訓を持つ漢字の熟語を調べてみましょう。

79 物語を読む ① 79ページ

1 (1)(例)不意に森先生に声をかけられたから。
(2)㋐けれど　㋑そっと

80 物語を読む ② 80ページ

1 (1)イ
(2)(例)(大きくなって)お父さんと再会する時のことを考えたから。

81 説明文を読む ① 81ページ

1 (1)(例)シャチやサメに食べられてしまうかもしれないから。
(2)①同じ速度　②背びれの近く

82 説明文を読む ② 82ページ

1 (1)(例)親鳥から順に,平等にえさをもらう
(2)(順はいずれでもよい)
数が多くいてとらえやすい(こと)・運びやすい(こと)・やわらかくて消化がよい(こと)・栄養価が高い(こと)

83 漢字の読み書き ③ 83ページ

1
❶やたい　❷や(く)
❸ろうどう　❹さんぽ
❺もっと(も)　❻あらそ(う)

2 ❶冷水・浴びる
❷仲間・笑う　❸記録・残る
❹念願・果たす

84 漢字の読み書き ④ 84ページ

1 (順はどちらでもよい)
❶❷返(かえ)・帰(かえ)
❸❹変(か)・代(か)

2 ❶景品・包み紙
❷建物・完成

≫考え方 送りがなにはまちがえやすいものがたくさんあります。読み方と共に送りがなもしっかり覚えましょう。

85 詩を読む ① 85ページ

1 (1)ウ　(2)イ
(3)冬は長かったなあ・やれやれみんなかわらずにいたなあ

≫考え方 詩では,何を何にたとえているかを考えましょう。

⑧⑥ 詩を読む ②　　　**86 ページ**

1 (1)⑦さやさや　④ふわふわ
　(2)ウ
　(3)うみ（海）

⑧⑦ 筆　順　　　**87 ページ**

1 ❶ア　❷イ　❸ア

2 ❶3　❷3　❸4　❹1
　❺1　❻4　❼4　❽3

⑧⑧ 画　数　　　**88 ページ**

1 ❶3　❷5　❸9　❹8
　❺8　❻12

2 ❶ア　❷エ　❸エ　❹ウ

⑧⑨ 漢字辞典の使い方 ①　　　**89 ページ**

1 ❶部首　❷画数　❸総画（そうかく）
　❹音訓（おんくん）

2 ❶レイ（たと〔える〕）・八（画）・
　　にんべん
　❷ゼン（ネン）・十二（画）・れっ
　　か（れんが）

⑨⓪ 漢字辞典の使い方 ②　　　**90 ページ**

1 ❶読み（方）　❷ケツ　❸部首
　❹いとへん　❺画数　❻六
　❼十二　❽ケツ　❾むす
　❿（例（れい））一つにたばねる

⑨① 漢字の読み書き ⑤　　　**91 ページ**

1 ❶せっきょくてき　❷ぶじ
　❸けっか　❹しっぱい
　❺いんりょうすい　❻ざんだか
　❼けしき　❽やくそく

2 ❶初めて・始める
　❷英語・栄光　❸訓練・連帯

⑨② 漢字の読み書き ⑥　　　**92 ページ**

1 ❶てつづ（き）　❷だいず
　❸はくがく　❹はか（る）
　❺こだち　❻きぼう
　❼ねっせん　❽めいれい

2 ❶協同・共同　❷薬局・作曲
　❸受賞・照明

⑨③ 物語を読む ③　　　**93 ページ**

1 (1)・ひじょうに頭のよいかしこ
　　い子で，何かにつけて大人の
　　ような考えを持っていました
　　（。）
　・神けいしつで始終何か考えて
　　ばかりいる子（でした。）
　(2)（例（れい））ちゃんとお父さんに伝（つた）わ
　　っていないということ。

⑨④ 物語を読む ④　　　**94 ページ**

1 (1)（例（れい））あがってしまったから。
　(2)もう

⑨⑤ 説明文を読む ③　　　**95 ページ**

1 (1)夏鳥…ツバメ
　　冬鳥…ナベヅル（や）マガモ
　(2)（例（れい））からだをやすめたり，え
　　さを補給（ほきゅう）したりするため。

⑨⑥ 説明文を読む ④　　　**96 ページ**

1 (1)（例（れい））心ぞうのこ動

(2)（例）やはりたまごは生きていて，活動をはじめたのだというきもち。

»考え方 (2)説明文では，「そんな」「そういう」などの指ししめす言葉が何を指しているのかを考えながら読み進めることで，全体の意味をつかむことができます。

(97) つなぎ言葉 97ページ

1 ❶それに・（例）この部屋は明るいし，きれいだ。

❷しかし・（例）かぜをひいたが，すぐに治った。

❸だから・（例）たくさん練習したから，試合に勝った。

»考え方 つなぎ言葉は，「また」「けれども」「それで」などいろいろあります。

2 ❶それとも　❷では

(98) こそあど言葉 98ページ

1 ❶これ　❷あそこ

❸どの　❹その

2 ❶その　❷あんな

(99) 漢字の読み書き ⑦ 99ページ

1 ❶おかやま　❷かごしま

❸しが　❹ぎふ　❺なら

❻にいがた　❼やまなし

❽いばらき

2 ❶栃木　❷沖縄　❸福井

❹香川　❺熊本　❻宮崎

(100) 部　首 100ページ

1 ❶てへん　❷にんべん

❸うかんむり　❹まだれ

❺しんにょう（しんにゅう）

❻くにがまえ

2 ❶エ　❷キ　❸ア　❹ウ

❺カ　❻ク　❼イ　❽オ

(101) 短歌・俳句を読む ① 101ページ

1 A春　B夏　C白　D衣

2 ❶ウ　❷エ　❸イ　❹ア

(102) 短歌・俳句を読む ② 102ページ

1 (1)A・B（順はどちらでもよい）

(2)季語…なの花

季節…春（両方できて正解）

(3)①C　②A　③D

»考え方 (3)Dの俳句は，「一人」で終わることで，よりこどく感が伝わってきます。

(103) 熟語の意味 103ページ

1 ❶ア　❷ウ　❸イ　❹ア

2 （例）❶新しく作る　❷落ちる葉

❸近い所　❹歩く道

(104) 主語と述語 104ページ

1 （両方できて正解）

❶主語…おばさんが

述語…来た

❷主語…妹もわたしも

述語…好きだ

❸主語…わたしたちが

述語…守る

❹主語…飛行機雲が

　述語…ある

2 （例）（お父さんが）去年この服を

わたしにくれました。

3 ❶ぼくは　❷良太さんは

>>>**考え方** 主語と述語は文を作っている言葉
です。主語＝「何が（は）」にあたる言葉，
述語＝「どうする」「どんなだ」「何だ」に
あたる言葉です。

⑩⑤ 修飾語 ①　　　　　　105ページ

1 ❶とても　❷大きな

（両方できて正解）

❸にっこりと・やさしく

❹急いで・なんとか

❺角を・右に

2 ❶花が　❷たたく　❸生命体が

❹町に　❺登る

⑩⑥ 修飾語 ②　　　　　　106ページ

1 ❶ア　❷エ　❸エ　❹イ

2 ❶おだやかで・やさしい

❷大きくて・白い

❸一人で・山に

>>>**考え方** ひとつの言葉をいくつかの修飾語
がくわしく説明している場合もよくありま
す。ここではひとつの言葉に対して，二つ
の修飾語があります。

⑩⑦ 作　文 ①　　　　　　107ページ

1 ㋐初めに　㋑次に　㋒また

㋓そのうえ　㋔最後に

2 （例）ぼくは，いつも心地よい音
楽を聞きながらねむる。

>>>**考え方** 問題の言葉を必ず使い，意味が通
る文を作りましょう。

⑩⑧ 作　文 ②　　　　　　108ページ

1 (1)④・⑦

(2)前文…①・②・③

末文…⑧・⑨

>>>**考え方** 手紙は，「前文（前書き）・主文・末
文（後書き）・後づけ」で成り立っています。

⑩⑨ 物語を読む ⑤　　　　　109ページ

1 (1)（例）父さんや母さんに目をさ
ましてほしいから。

(2)（例）父さんも母さんも，ねて
いるということ。

⑩⑩ 説明文を読む ⑤　　　　110ページ

1 (1)（例）土器をつくるときは，土
器をよくかわしてから焼く
こと。

(2)（例）土器がはれつしてわれな
いようにするため。

(3)そのほか，野焼きをうまくす
るには，土器の面にむらなく
火があたり，ゆっくり焼けて
ゆっくりさめるようにするこ
とがだいじです（。）

>>>**考え方** 説明文では，「…から・…ので」な
どの理由を表す表現に注意しましょう。
意見をのべたあと，そのように考える理由
を説明する場合によく使われる表現です。

格点

---

1 1を5個, 0.1を7個, 0.01を6個, 0.001を2個合わせた数を書きましょう。(20点)

[　　　　　　　　　]

2 8.642について答えましょう。(40点) 1つ20

❶ 4は何が4個あることを表していますか。

[　　　　　　　　　]

❷ 0.001を何個集めた数ですか。

[　　　　　　　　　]

3 下の□に右のカードを1まいずつあてはめて数をつくります。このときできるいちばん大きい数といちばん小さい数を書きましょう。

(40点)[　]1つ20

いちばん大きい数 [　　　　　　　]

いちばん小さい数 [　　　　　　　]

2 整数と小数 ②

1 5.028 を 10 倍, 1000 倍した数を書きましょう。

(20点)[ ] 1つ10

10 倍 [　　　　　　　] 　 1000 倍 [　　　　　　　]

2 320.7 を $\frac{1}{100}$, $\frac{1}{1000}$ にした数を書きましょう。

(20点)[ ] 1つ10

$\frac{1}{100}$ [　　　　　　　] 　 $\frac{1}{1000}$ [　　　　　　　]

3 次の問いに答えましょう。(40点)[ ] 1つ10

❶ 63.1, 6310 は, それぞれ 6.31 を何倍した数ですか。

63.1 [　　　　　　　] 　 6310 [　　　　　　　]

❷ 2.59, 0.259 は, それぞれ 25.9 の何分の 1 ですか。

2.59 [　　　　　　　] 　 0.259 [　　　　　　　]

4 計算をしましょう。(20点) 1つ10

❶ 2.87×1000 　　　　 ❷ 3.41÷10

答えは85ページ

得点

点 / 合格 80点

1 1辺が1cmの立方体を積んでつくった右の直方体の体積を求めます。□をうめましょう。

❶ 1辺が1cmの立方体の体積は

1 [　　　　] です。（10点）

❷ 右の直方体は，1辺が1cmの

立方体を [　　　] 個積んでできています。（10点）

❸ この直方体の体積は [　　　　　] です。（20点）

2 次の形は1辺が1cmの立方体をもとにつくられています。体積を求めましょう。（60点）1つ20

❶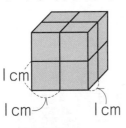
1cm
1cm　　1cm

[　　　　　　　]

❷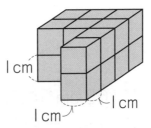
1cm
1cm　　1cm

[　　　　　　　]

❸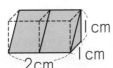
1cm
1cm
2cm

[　　　　　　　]

答えは85ページ

1 次の直方体や立方体の体積を求めましょう。(60点) 1つ30

❶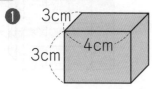
3cm
3cm
4cm

❷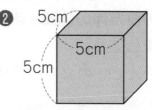
5cm
5cm
5cm

[　　　　　]　　　[　　　　　]

2 右の直方体の体積は何 cm^3 ですか。(20点)

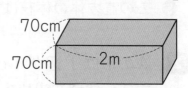
70cm
70cm
2m

[　　　　　]

3 体積が 100 cm^3 の直方体をつくります。たてを 4 cm, 横を 5 cm にすると, 高さは何 cm にすればよいですか。(20点)

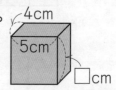
4cm
5cm
□cm

[　　　　　]

得点

点／合格 80点

1 右の展開図(てんかいず)を組み立ててできる
直方体について答えましょう。

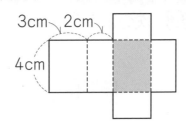

❶ 展開図を組み立てると，下の図
のような直方体ができます。□
にあてはまる長さを書きましょ
う。(40点)□1つ20

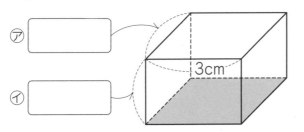

色のついた面を下に
して組み立てよう。

❷ この直方体の体積を求めましょう。(20点)

[　　　　　　]

2 次の展開図を組み立ててできる❶の直方体と❷の立方
体の体積を求めましょう。(40点)1つ20

❶

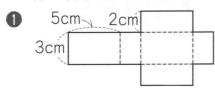

❷

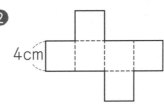

[　　　　　] 　　　[　　　　　]

答えは85ページ

6 直方体や立方体の体積 ④

1 次のような形の体積を求めましょう。(100点) 1つ25

①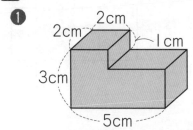

[　　　　　　]

②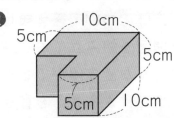

[　　　　　　]

③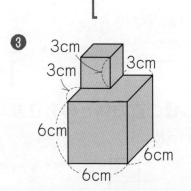

[　　　　　　]

④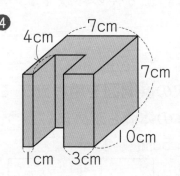

[　　　　　　]

答えは85ページ

7 いろいろな体積の単位 ①

1 次の直方体や立方体の体積を求めましょう。(30点) 1つ15

❶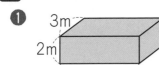

❷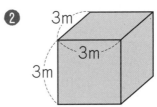

[　　　　　]　　　[　　　　　]

2 右の直方体について，次の問いに答えましょう。(40点) 1つ20

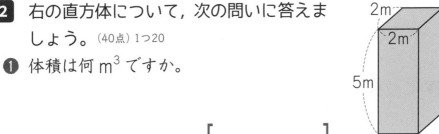

❶ 体積は何 m^3 ですか。

[　　　　　]

❷ 体積は何 cm^3 ですか。

[　　　　　]

3 次の□にあてはまる数を書きましょう。(30点) 1つ15

❶ $7 m^3 =$ 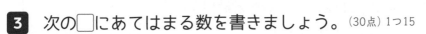 cm^3

❷ $4000000 cm^3 =$  m^3

1 次の□にあてはまる数を書きましょう。(40点) 1つ10

① 2 L = [　　　] cm³

② 7000 cm³ = [　　　] L

③ 6 mL = [　　　] cm³

④ 4 m³ = [　　　] L

2 内のりがたて 30 cm，横 20 cm，深さ 40 cm の直方体の形をした水そうがあります。(40点) 1つ20

① この水そうの容積は何 cm³ ですか。

[　　　　　　　]

② この水そうには，何 L の水が入りますか。

[　　　　　　　]

3 内のりがたて 15 cm，横 30 cm の直方体の形をした水そうがあります。この水そうに深さ 20 cm まで水を入れると，水の体積は何 L になりますか。(20点)

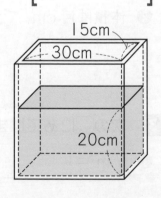

[　　　　　　　]

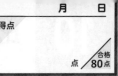

月　　日

得点

点／合格 80点

1 右のように，直方体のたて，横の長さ
を変えないで，高さを 1 cm，2 cm，
3 cm，…としたとき，それにともなっ
て体積がどのように変わるか調べます。

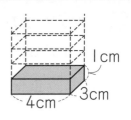

（100点）1つ20

❶ 体積がどのように変わるか，表にまとめましょう。

高さ(cm)	1	2	3	4	5	6
体積(cm³)	12		36		60	

❷ 高さが 2 倍，3 倍，4 倍，…になると，体積はどのよ
うに変わりますか。

[　　　　　　　　　　　　　　　　]

❸ 高さが 1 cm 増えるごとに，体積は何 cm³ ずつ増えて
いきますか。

[　　　　　　　　]

❹ 体積は高さに比例していますか。

[　　　　　　　　]

❺ 体積が 120 cm³ になるのは，高さが何 cm のときですか。

[　　　　　　　　]

1 次の2つの量が比例しているものには○を，比例していないものには×を□に書きましょう。(60点) 1つ15

❶ [　] 正三角形の1辺の長さとまわりの長さ

❷ [　] 80ページの本を読んだページ数と残りのページ数

❸ [　] 横の長さが4cmの長方形のたての長さと面積

❹ [　] 面積が100cm²の長方形のたての長さと横の長さ

2 次のともなって変わる2つの量で，○は□に比例していますか。(40点) 1つ20

❶ 正方形の1辺の長さ□cmと面積○cm²

1辺の長さ□(cm)	1	2	3	4	5	6	
面積○(cm²)	1	4	9	16	25	36	

[　　　　　　　　　]

❷ 鉄のぼうの長さ□mと重さ○kg

長さ□(m)	1	2	3	4	5	6	
重さ○(kg)	2.5	5	7.5	10	12.5	15	

[　　　　　　　　　]

答えは86ページ ☞

11 比 例 ③

1 １ｍのねだんが 60 円のリボンがあります。
買う長さが １ｍ，２ｍ，３ｍ，…と変わると，それにともなって代金がどのように変わるか調べます。（100点）1つ20

❶ 長さ□ｍが２ｍ，３ｍ，…と変わると，代金○円はそれぞれ何円になるか，下の表にまとめましょう。

長さ□（m）	1	2	3	4	5	6	
代金○（円）	60						

❷ 代金○円は，長さ□ｍに比例していますか。

[　　　　　　　　　]

❸ 長さ□ｍと代金○円の関係を式に表しましょう。

[　　　　　　　　　]

❹ 長さが 15 ｍのときの代金は何円ですか。

[　　　　　　　　　]

❺ 代金が 480 円になるのは，何ｍ買ったときですか。

[　　　　　　　　　]

答えは86ページ ☞

12 比例 ④

1 次の表は，正三角形の１辺の長さ□cm とまわりの長さ○ cm の関係を表したものです。(80点) 1つ20

１辺の長さ□（cm）	1	2	3	4	5
まわりの長さ○（cm）		6			15

❶ 表のあいているところにあてはまる数を書きましょう。

❷ □と○の関係を式に表しましょう。

[　　　　　　　　　　　]

❸ １辺の長さが９cm のときのまわりの長さは何 cm ですか。

[　　　　　　　　　　　]

❹ まわりの長さが４５cm のときの１辺の長さは何 cm ですか。

[　　　　　　　　　　　]

2 右の表は，１L のガソリンで15 km 走る自動車の進む道のりがガソリンの量に比例するようすを表しています。この自動車は，８L で何 km 進みますか。(20点)

ガソリンの量(L)	1	2	3	4
進む道のり(km)	15	30	45	60

[　　　　　　　　　　　]

答えは86ページ ☞

月　　日

得点

点／合格80点

1 1mのねだんが180円のホースを2.5m買いました。代金を求める式を，次の㋐〜㋒の中から選び，記号で答えましょう。(10点)

㋐ 180×250　　㋑ 180×0.25　　㋒ 180×2.5

[　　　　　　]

2 次の□にあてはまる数を書きましょう。(20点) 1つ10

❶ 60×3.2=60×32÷□

❶32は3.2の10倍だから…

❷ 180×1.25=180×125÷□

3 計算をしましょう。(60点) 1つ15

❶ 7×0.3

❷ 12×0.6

❸ 30×4.1

❹ 20×5.4

4 1mのねだんが60円のリボンがあります。このリボンを2.6m買うときの代金は何円ですか。(10点)

[　　　　　　]

答えは86ページ ☞

14 小数のかけ算 ②

1 次の□にあてはまる数を書きましょう。（20点）1つ10

❶ $3.8 \times 1.7 = 38 \times 17 \div \boxed{}$

❷ $0.5 \times 4.6 = 5 \times 46 \div \boxed{}$

2 $278 \times 31 = 8618$ をもとに，次の積を求めましょう。

（20点）1つ10

❶ 2.78×3.1

[　　　　　　　]

❷ 27.8×0.31

[　　　　　　　]

3 計算をしましょう。（60点）1つ15

❶ 0.4×0.7　　　　❷ 3.2×0.03

❸ 1.8×0.2　　　　❹ 0.5×0.61

答えは86ページ ☞

15 小数のかけ算 ③

1 次の筆算で, 積に小数点をうって, 正しい答えにしましょう。(30点) 1つ10

①
```
   7.6
 ×1.4
  304
  76
 1064
```

②
```
  3.08
 × 1.9
 2772
 308
 5852
```

③
```
   4.2
 ×3.63
   126
  252
 126
 15246
```

2 筆算で計算しましょう。(60点) 1つ20

① 4.5×6.7　　② 3.54×4.6　　③ 0.85×7.4

3 1mの重さが8.75gのはり金があります。このはり金1.6mの重さは何gですか。(10点)

[　　　　　　　]

16 小数のかけ算 ④

1 筆算で計算しましょう。(45点) 1つ15

❶ 0.29×2.8　　❷ 0.32×1.75　　❸ 5.1×0.28

2 積がかけられる数の 7.6 より小さくなるものをすべて
選び，記号で答えましょう。(10点)

㋐ 7.6×0.9　　　㋑ 7.6×1
㋒ 7.6×1.09　　㋓ 7.6×0.19

[　　　　　]

3 計算のきまりを使って，くふうして計算しましょう。
(45点) 1つ15

❶ 2.6×14.7+7.4×14.7

❷ 0.33×2.5×4

❸ 19.8×15

答えは87ページ☞

17 小数のかけ算 ⑤

1 次の面積や体積を求めましょう。(80点) 1つ16

❶ 右の長方形の面積

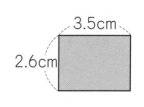

3.5cm

2.6cm

[　　　　　　]

❷ 1辺が 5.2 cm の正方形の面積

[　　　　　　]

❸ たてが 0.3 m, 横が 0.92 m の長方形の面積

[　　　　　　]

❹ 1辺が 0.6 m の立方体の体積

[　　　　　　]

❺ たて 7 cm, 横 3.5 cm, 高さ 8.8 cm の直方体の体積

[　　　　　　]

2 右の直方体の形をした水そうの容積は何 m³ ですか。(20点)

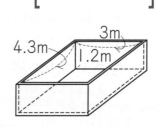

3m

4.3m

1.2m

[　　　　　　]

答えは87ページ ☞

18 小数の倍

1 次の問いに答えましょう。(40点) 1つ20

❶ 830 円は 100 円の何倍ですか。

❷ 90 L は 200 L の何倍ですか。

[　　　　　]　　　　[　　　　　]

2 動物のシールが 36 まい, 魚のシールが 45 まいあります。(40点) 1つ20

❶ 魚のシールのまい数は, 動物のシールのまい数の何倍ですか。

[　　　　　]

❷ 動物のシールのまい数は, 魚のシールのまい数の何倍ですか。

[　　　　　]

3 水が 5.6 L 入る水そうがあります。金魚ばちには, この水そうの 0.25 倍の水が入ります。金魚ばちに入る水の量は何 L ですか。

(20点)

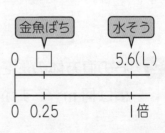

金魚ばち　水そう

0　□　　5.6(L)

0　0.25　　1倍

[　　　　　]

19 小数のわり算 ①

1 布を 3.7 m 買ったら，代金は 4810 円でした。
この布 1 m のねだんを求める式を，次の⑦〜⑰の中から選び，記号で答えましょう。(15点)

　　⑦ 4810×3.7　　⑦ 4810÷3.7　　⑰ 3.7÷4810

　　　　　　　　　　　　　　　　[　　　　　　]

2 次の□にあてはまる数を書きましょう。(40点)□1つ10

❶ $4.4 \div 5.5 = (4.4 \times \boxed{}) \div (5.5 \times 10)$

　　　$= \boxed{} \div 55$

❷ $80.4 \div 0.48 = (80.4 \times \boxed{}) \div (0.48 \times 100)$

　　　　$= \boxed{} \div 48$

わられる数とわる数に同じ数
をかけても商は変わらないよ。

3 計算をしましょう。(45点) 1つ15

❶ 2.7÷0.9

❷ 0.3÷0.6

❸ 6.3÷0.09

20 小数のわり算 ②

1 168÷35＝4.8 を利用して，次の商を求めましょう。

（40点）1つ10

① 16.8÷3.5

② 1.68÷0.35

③ 0.168÷0.035

④ 16.8÷35

2 計算をしましょう。（60点）1つ10

① $1.2\overline{)7.92}$

② $2.4\overline{)8.88}$

③ $4.6\overline{)7.82}$

④ $4.1\overline{)22.14}$

⑤ $9.4\overline{)32.9}$

⑥ $3.25\overline{)5.85}$

答えは87ページ ☞

21 小数のわり算 ③

1 わり切れるまで計算しましょう。（60点）1つ10

①
$$4.72\overline{)11.8}$$

②
$$1.28\overline{)3.2}$$

③
$$8.7\overline{)2.61}$$

④
$$1.6\overline{)2}$$

⑤
$$7.8\overline{)5.07}$$

⑥
$$6.5\overline{)3.9}$$

2 ある油6.5Lの重さは5.2kgです。（40点）1つ20

① この油1Lの重さは何kgですか。

[　　　　　]

② この油1kgの体積は何Lですか。

[　　　　　]

答えは87ページ ☞

22 小数のわり算 ④

1 次のわり算の中で, 商がわられる数より大きくなるもの
をすべて選び, 記号で答えましょう。(20点)

⑦ 0.05÷1.06　　　　④ 1.06÷0.05

⑨ 9.2÷1.3　　　　　④ 19.2÷0.3

[　　　　　　　　]

2 計算をしましょう。(60点) 1つ20

❶
$0.2\overline{)41.2}$

❷
$0.26\overline{)3.9}$

❸
$0.64\overline{)9.6}$

3 たての長さが 0.85 m で, 面積が 2.04 m^2 の長方形の
花だんをつくります。横の長さは何 m にすればよいで
すか。(20点)

[　　　　　　　　]

答えは87ページ☞

23 小数のわり算 ⑤

1 商は一の位まで求めて，あまりも出しましょう。

（60点）1つ20

❶
$$7.5\overline{)68}$$

❷
$$0.9\overline{)35}$$

❸
$$2.1\overline{)53.9}$$

2 1.7 m のはり金を 0.5 m ずつに切ると，0.5 m のはり金は何本とれて，何 m あまりますか。（20点）

[　　　　　　　　　　]

3 8 kg の米を 1 ふくろに 0.7 kg ずつつめていくと，0.7 kg 入りのふくろは何ふくろできて，何 kg あまりますか。（20点）

[　　　　　　　　　　]

答えは87ページ ☞

1 商は四捨五入して, 上から 2 けたのがい数で表しましょう。（80点）1つ20

❶
$0.3 \overline{)0.8}$

❷
$4.6 \overline{)3.25}$

❸
$1.85 \overline{)2.6}$

❹
$7.1 \overline{)390}$

2 2.8 L のすなの重さをはかったら, 7.1 kg ありました。このすな 1 L の重さは約何 kg ですか。四捨五入して, $\frac{1}{10}$ の位までのがい数で表しましょう。（20点）

[　　　　　]

1 右の図のような3本の
テープがあります。

（50点）1つ25

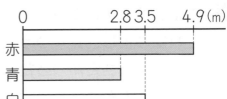

❶ 赤いテープの長さは，白
いテープの長さの何倍で
すか。

[　　　　　]

❷ 青いテープの長さは，白いテープの長さの何倍ですか。

[　　　　　]

2 家の高さは 7.5 m で，ビルの高さは 18.75 m です。

（50点）1つ25

❶ 家の高さをもとにすると，ビルの高さは何倍ですか。

[　　　　　]

❷ ビルの高さをもとにすると，家の高さは何倍ですか。

[　　　　　]

答えは88ページ ☞

26 小数の倍とわり算 ②

1 つよしさんのお父さんがつった魚の重さは 2.16 kg で，これはつよしさんがつった魚の重さの 1.8 倍にあたります。つよしさんがつった魚の重さを求めます。(40点) 1つ20

❶ つよしさんがつった魚の重さを□kg として，かけ算の式に表しましょう。

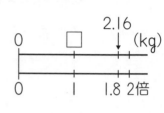

[　　　　　　　　　]

❷ つよしさんがつった魚の重さは何 kg か求めましょう。

[　　　　　　　　　]

2 ある博物館の 10 年前の入園料と今年の入園料は，それぞれ次のようになっています。(60点)[　] 1つ20

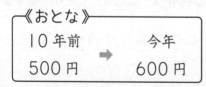

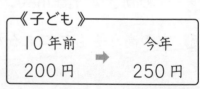

❶ おとなと子どもの今年の入園料は，それぞれ 10 年前の入園料の何倍になっていますか。

⑦ おとな　　　　　　　④ 子ども

[　　　　　　　] 　　[　　　　　　　]

❷ 入園料の上がり方が大きいのは，どちらといえますか。

[　　　　　　　　　]

答えは88ページ

27 合同な図形 ①

1 方眼の目もりを参考にして，下の図から合同な図形を
見つけ，記号で答えましょう。(40点)[ ] 1つ10

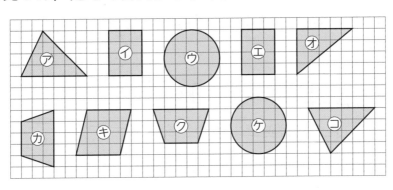

[と   ] [と   ]

[と   ] [と   ]

2 右の2つの四角形は合同
です。次に対応する頂点，
辺，角を答えましょう。

(60点) 1つ20

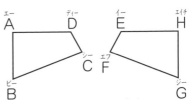

❶ 頂点A [   ]

❷ 辺FG [   ]

対応している頂点を
考えよう。

❸ 角E [   ]

28 合同な図形 ②

月　日

得点

点　合格 80点

1 右の２つの三角形は合同です。（40点）１つ20

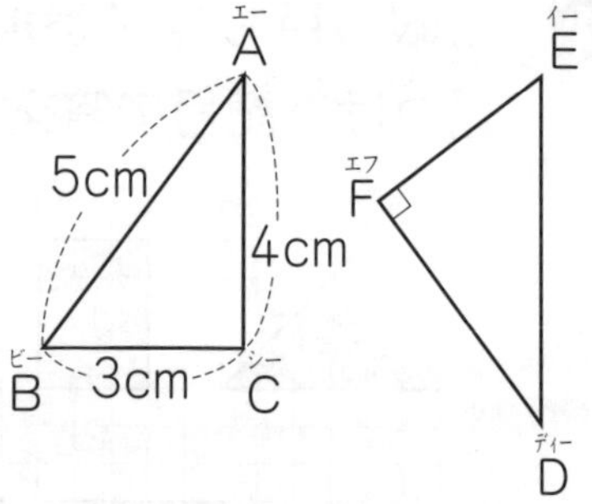

❶ 辺EFの長さは何cmですか。

[　　　　　]

❷ 角Cの大きさは何度ですか。

[　　　　　]

2 右の図のように，平行四辺形ABCDを対角線ACで２つの三角形㋐と㋑に分けます。

（60点）１つ20

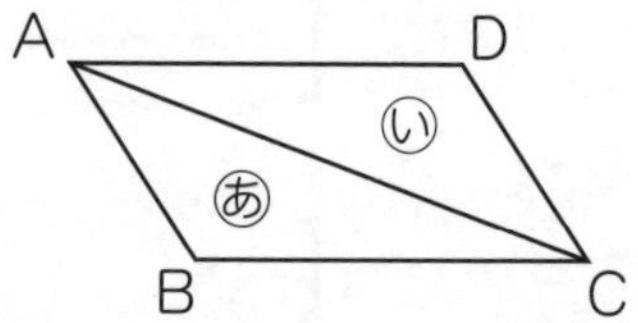

❶ 三角形㋐と三角形㋑は合同ですか。

[　　　　　]

❷ 辺ABに対応する辺はどれですか。

[　　　　　]

❸ 角Bに対応する角はどれですか。

[　　　　　]

合同な図形 ③

1 次の三角形と合同な三角形をかきましょう。

❶

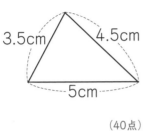

3.5cm 4.5cm

5cm

（40点）

❷

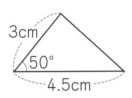

3cm

50°

4.5cm

（30点）

❸

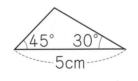

45° 30°

5cm

（30点）

かくときに使った線は，
残しておいていいよ。

答えは88ページ ☞

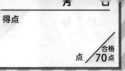

1 次の平行四辺形，台形，ひし形と合同な四角形をかきましょう。

❶ 平行四辺形

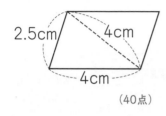

（40点）

❷ 台形

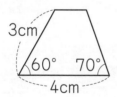

（30点）

❸ ひし形

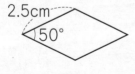

（30点）

答えは88ページ☞

1 次の整数を偶数と奇数に分けましょう。(40点)[ ] 1つ20

$$0, 1, 7, 12, 16, 35, 82, 99, 102$$

偶数 [   ]   奇数 [   ]

2 体育の授業で，サッカーをする人とソフトボールをする人を，出席番号で右のように決めます。出席番号が 27 番の人は，どちらをしますか。(20点)

| サッカー | 1 | 3 | 5 | … |
| ソフトボール | 2 | 4 | 6 | … |

[   ]

3 たくまさんの持っているえんぴつの数は奇数で，さきさんの持っているえんぴつの数は偶数です。2 人のえんぴつを合わせた数は，偶数，奇数のどちらですか。(20点)

[   ]

4 りんごとなしが合わせて 18 個あります。りんごの個数が偶数のとき，なしの個数は偶数，奇数のどちらですか。(20点)

[   ]

得点

点／合格 80点

1 次の数の中から 6 の倍数をすべて選びましょう。(20点)

6, 28, 36, 40, 62, 72, 93, 96

[   ]

2 1 から 20 までの整数について, 次の問いに答えましょう。(30点) 1つ15

❶ 3 の倍数をすべて書きましょう。

[   ]

❷ 7 の倍数をすべて書きましょう。

[   ]

3 次の数の倍数を, 小さい方から順に 4 つ書きましょう。(50点) 1つ10

❶ 2 [   ] ❷ 4 [   ]

❸ 5 [   ] ❹ 11 [   ]

❺ 12 [   ]

答えは89ページ☞

33 倍数と公倍数 ②

1 [ ]の中の数の公倍数を小さい方から順に３つ求めましょう。また，最小公倍数を求めましょう。(100点)[ ]1つ10

❶ [2，6]

公倍数 [ ]

最小公倍数 [ ]

❷ [3，5]

公倍数 [ ]

最小公倍数 [ ]

❸ [6，15]

公倍数 [ ]

最小公倍数 [ ]

❹ [2，3，5]

公倍数 [ ]

最小公倍数 [ ]

❺ [3，4，10]

公倍数 [ ]

最小公倍数 [ ]

答えは89ページ ☞

1 たて9cm, 横15cmの長方形の
画用紙を右の図のようにすきまな
くならべて正方形をつくります。

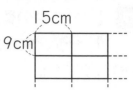

（50点）1つ25

❶ できるだけ小さい正方形をつくると
き，1辺の長さは何cmになりますか。

[　　　　　　　]

❷ ❶のとき，画用紙を何まい使いますか。

[　　　　　　　]

2 ある駅から電車は12分おきに, バスは16分おきに発
車しています。午前9時に電車とバスが同時に出発し
ました。（50点）1つ25

❶ 電車とバスは，何分ごとに同時に出発しますか。

[　　　　　　　]

❷ 午前10時から午前11時の間で，電車とバスが同時に
出発するのは午前10時何分ですか。

[　　　　　　　]

答えは89ページ ☞

約数と公約数 ①

1 次の□に倍数か約数のことばを書きましょう。(10点) 1つ5

❶ 18 は 9 の [　　　] です。

ことばの意味をしっかり
覚えよう。

❷ 9 は 18 の [　　　] です。

2 次の数の約数を全部求めましょう。(75点) 1つ15

❶ 6 　　　[　　　　　　　　　　]

❷ 8 　　　[　　　　　　　　　　]

❸ 15 　　[　　　　　　　　　　]

❹ 19 　　[　　　　　　　　　　]

❺ 33 　　[　　　　　　　　　　]

3 次の数の中から, 約数が 2 個しかないものを選びましょう。(15点)

1, 3, 7, 9, 11, 12, 26, 55

[　　　　　　　　　　]

36 約数と公約数 ②

1 [ ]の中の数の公約数を全部求めましょう。また, 最大公約数を求めましょう。(100点)[ ] 1つ10

❶ [12, 30]

公約数 [   ]

最大公約数 [   ]

❷ [10, 15]

公約数 [   ]

最大公約数 [   ]

❸ [36, 54]

公約数 [   ]

最大公約数 [   ]

❹ [14, 35]

公約数 [   ]

最大公約数 [   ]

❺ [12, 18, 24]

公約数 [   ]

最大公約数 [   ]

答えは89ページ ☞

約数と公約数 ③

1 右の図のような，たて 12 cm，横 8 cm の方眼紙(ほうがんし)があります。これを目もりの線にそって切り，紙の余(あま)りが出ないように同じ大きさの正方形に分けます。(40点) 1つ20

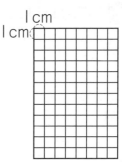

1cm
1cm

❶ 余りなく切れる正方形の 1 辺の長さは何 cm のときですか。すべて答えましょう。

[　　　　　　　　　　　　　　]

❷ いちばん大きい正方形をつくるとき，正方形の 1 辺の長さは何 cm になりますか。

[　　　　　　　]

2 あめが 40 個(こ)，ガムが 60 個あります。子どもたち全員に同じ数ずつ，余りが出ないように分けます。

(60点)[　]1つ20

❶ 子どもが 2 人以上いるとき，何人の子どもに分けることができますか。すべて答えましょう。

[　　　　　　　　　　　　　　]

❷ できるだけ多くの子どもに分けるとき，あめとガムはそれぞれ 1 人に何個ずつになりますか。

あめ [　　　　　　] ガム [　　　　　]

答えは90ページ ☞

38 分数と小数・整数 ①

1 次のわり算の商を分数で表しましょう。(40点) 1つ10

❶ 2÷9 [   ] ❷ 5÷14 [   ]

❸ 10÷3 [   ] ❹ 1÷10 [   ]

2 次の□にあてはまる数を書きましょう。(30点) 1つ10

❶ $\frac{3}{7}$ = 3÷ □   ❷ $\frac{5}{8}$ = 5÷ □

❸ $\frac{15}{4}$ = □ ÷4

3 次の□にあてはまる分数を書きましょう。(20点) 1つ10

❶ 2m は 11m の □ 倍です。

❷ 10kg は 7kg の □ 倍です。

4 2L のジュースを 5人で等分すると、1人分は何 L になりますか。(10点)

[   ]

答えは90ページ

分数と小数・整数 ②

1 次の分数を小数になおしましょう。（50点）1つ10

❶ $\dfrac{3}{5}$ [　　　　　] ❷ $\dfrac{9}{10}$ [　　　　　]

❸ $\dfrac{3}{2}$ [　　　　　] ❹ $\dfrac{7}{4}$ [　　　　　]

❺ $1\dfrac{3}{20}$ [　　　　　]

2 次の□にあてはまる不等号を書きましょう。（30点）1つ10

❶ $\dfrac{4}{10}$ □ 0.5 ❷ 0.8 □ $\dfrac{17}{20}$

❸ $\dfrac{137}{100}$ □ 1.35

3 長さ2mの赤いリボンと，長さ5mの青いリボンがあります。赤いリボンの長さは，青いリボンの長さの何倍ありますか。分数と小数で答えましょう。（20点）[　]1つ10

分数 [　　　　　] 小数 [　　　　　]

答えは90ページ ☞

分数と小数・整数 ③

1 次の小数や整数を分数になおしましょう。整数は，分母が１の分数になおしましょう。（50点）1つ10

❶ 0.7　　[　　　　　　] ❷ 6　　　[　　　　　　　]

❸ 0.003[　　　　　　] ❹ 5.21　[　　　　　　　]

❺ 10　　[　　　　　　]

2 次の量を分数で表しましょう。（40点）1つ10

❶ 0.47 kg [　　　　　　] ❷ 1.01 km　[　　　　　　]

❸ 1.3 L　[　　　　　] ❹ 0.001 m　[　　　　　　]

3 右の表は，子犬，子ねこ，うさぎの体重を表したものです。体重の重い順にならべましょう。（10点）

子犬	$\frac{7}{8}$ kg
子ねこ	0.89 kg
うさぎ	$\frac{8}{9}$ kg

[　　　　　　　　　　　　　　　]

答えは90ページ

41 等しい分数 ①

1 次の□にあてはまる数を書きましょう。(30点) 1つ15

等しい分数は、どうしたらつくれるかな?

❶ $\dfrac{3}{4} = \dfrac{3 \times \boxed{}}{4 \times \boxed{}} = \dfrac{\boxed{}}{20}$

❷ $\dfrac{12}{18} = \dfrac{12 \div \boxed{}}{18 \div \boxed{}} = \dfrac{2}{\boxed{}}$

2 □にあてはまる数を書いて，等しい分数をつくりましょう。(60点) 1つ15

❶ $\dfrac{1}{3} = \dfrac{\boxed{}}{6} = \dfrac{\boxed{}}{12}$

❷ $\dfrac{12}{32} = \dfrac{6}{\boxed{}} = \dfrac{\boxed{}}{8}$

❸ $\dfrac{14}{8} = \dfrac{7}{\boxed{}} = \dfrac{\boxed{}}{12}$

❹ $\dfrac{15}{20} = \dfrac{3}{\boxed{}} = \dfrac{9}{\boxed{}}$

3 次の分数の中から，$\dfrac{4}{8}$ と大きさの等しい分数をすべて答えましょう。(10点)

$$\dfrac{2}{4} \quad \dfrac{3}{4} \quad \dfrac{6}{12} \quad \dfrac{9}{12} \quad \dfrac{6}{16} \quad \dfrac{8}{16} \quad \dfrac{16}{18} \quad \dfrac{10}{20}$$

[　　　　　　　　　　　　　　]

答えは90ページ ☞

42 等しい分数 ②

1 次の分数を約分しましょう。(54点) 1つ9

❶ $\dfrac{4}{6}$ 　[　　　　　　　]　❷ $\dfrac{4}{8}$ 　[　　　　　　　]

❸ $\dfrac{6}{15}$ 　[　　　　　　　]　❹ $\dfrac{8}{14}$ 　[　　　　　　　]

❺ $\dfrac{16}{24}$ 　[　　　　　　　]　❻ $\dfrac{11}{33}$ 　[　　　　　　　]

2 次の(　)の中の分数を通分しましょう。(36点) 1つ9

❶ $\left(\dfrac{1}{3}, \dfrac{3}{4}\right)$ 　　　　　❷ $\left(\dfrac{5}{6}, \dfrac{5}{18}\right)$

　　　　[　　　,　　　]　　　　　[　　　,　　　]

❸ $\left(\dfrac{3}{7}, \dfrac{1}{3}\right)$ 　　　　　❹ $\left(\dfrac{2}{3}, \dfrac{7}{8}, \dfrac{1}{2}\right)$

　　　　[　　　,　　　]　　　[　　　,　　　,　　　]

3 等しい分数を組にして, 2つの組に分けましょう。(10点)

$$\dfrac{6}{8} \qquad \dfrac{9}{12} \qquad \dfrac{20}{24} \qquad \dfrac{15}{20} \qquad \dfrac{12}{16} \qquad \dfrac{10}{12}$$

　　　[　　　　　　　　] [　　　　　　　　　]

答えは90ページ ☞

分数のたし算とひき算 ①

1 次の□にあてはまる数を書きましょう。（30点）1つ15

❶ $\dfrac{1}{3} + \dfrac{2}{5} = \dfrac{5}{\boxed{}} + \dfrac{6}{15} = \dfrac{\boxed{}}{15}$

❷ $\dfrac{1}{4} + \dfrac{3}{8} = \dfrac{2}{\boxed{}} + \dfrac{\boxed{}}{8} = \dfrac{\boxed{}}{8}$

2 次の計算をしましょう。（60点）1つ10

❶ $\dfrac{1}{3} + \dfrac{1}{4}$ 　　　　❷ $\dfrac{3}{5} + \dfrac{4}{15}$

❸ $\dfrac{5}{6} + \dfrac{1}{9}$ 　　　　❹ $\dfrac{1}{8} + \dfrac{2}{3}$

❺ $\dfrac{3}{7} + \dfrac{2}{3}$ 　　　　❻ $\dfrac{7}{9} + \dfrac{8}{15}$

3 重さが $\dfrac{3}{5}$ kg の品物を $\dfrac{1}{4}$ kg の箱に入れます。全体の重さは何 kg になりますか。（10点）

[　　　　　　　]

44 分数のたし算とひき算 ②

1 次の□にあてはまる数を書きましょう。（30点）1つ15

❶ $\dfrac{8}{9} - \dfrac{2}{3} = \dfrac{8}{9} - \dfrac{6}{\boxed{}} = \dfrac{\boxed{}}{9}$

❷ $\dfrac{1}{2} - \dfrac{1}{3} = \dfrac{3}{\boxed{}} - \dfrac{\boxed{}}{6} = \dfrac{1}{\boxed{}}$

2 次の計算をしましょう。（60点）1つ10

❶ $\dfrac{1}{4} - \dfrac{1}{5}$

❷ $\dfrac{2}{3} - \dfrac{1}{4}$

❸ $\dfrac{4}{3} - \dfrac{5}{9}$

❹ $\dfrac{4}{5} - \dfrac{7}{10}$

❺ $\dfrac{6}{7} - \dfrac{2}{3}$

❻ $\dfrac{5}{8} - \dfrac{7}{12}$

3 $\dfrac{5}{8}$ L のジュースを $\dfrac{1}{4}$ L 飲みました。残っているジュースは何 L ですか。（10点）

[　　　　　　]

答えは91ページ ☞

45 分数のたし算とひき算 ③

1 次の計算をしましょう。(80点) 1つ10

❶ $\dfrac{1}{6} + \dfrac{8}{15}$

❷ $\dfrac{2}{3} - \dfrac{1}{6}$

❸ $\dfrac{5}{6} + \dfrac{1}{14}$

❹ $\dfrac{3}{10} - \dfrac{2}{15}$

❺ $\dfrac{3}{20} + \dfrac{3}{4}$

❻ $\dfrac{7}{6} - \dfrac{3}{10}$

❼ $\dfrac{5}{4} + \dfrac{1}{12}$

❽ $\dfrac{11}{12} - \dfrac{7}{15}$

2 次の計算をしましょう。(20点) 1つ10

❶ $\dfrac{2}{3} + \dfrac{1}{6} + \dfrac{5}{18}$

❷ $\dfrac{5}{6} - \dfrac{3}{4} + \dfrac{2}{3}$

答えは91ページ ☞

46 分数のたし算とひき算 ④

1 次の計算をしましょう。(80点) 1つ10

① $2\dfrac{1}{3} + 1\dfrac{1}{9}$

② $1\dfrac{3}{5} - 1\dfrac{1}{4}$

③ $2\dfrac{4}{5} + 1\dfrac{1}{2}$

④ $3\dfrac{7}{15} - 2\dfrac{1}{6}$

⑤ $1\dfrac{2}{3} + \dfrac{7}{12}$

⑥ $3\dfrac{1}{6} - 2\dfrac{2}{3}$

⑦ $1\dfrac{3}{4} + 2\dfrac{1}{3} + 1\dfrac{3}{8}$

⑧ $1\dfrac{1}{6} + 1\dfrac{1}{3} - 2\dfrac{3}{10}$

2 小数を分数になおして，次の計算をしましょう。

(20点) 1つ10

① $\dfrac{4}{5} + 0.3$

② $1.25 - \dfrac{5}{6}$

46

答えは91ページ ☞

47 分数のたし算とひき算 ⑤

1 $1\frac{3}{10}$ kg の水に $\frac{1}{6}$ kg のさとうを入れて重さをはかると, 何 kg になりますか。（25点）

[　　　　　　　]

2 リボンをだいちさんは $1\frac{3}{4}$ m, みきさんは $2\frac{2}{5}$ m 使いました。（50点）1つ25

❶ 2人が使ったリボンの長さは, 合わせて何 m ですか。

[　　　　　　　]

❷ 2人が使ったリボンの長さのちがいは, 何 m ですか。

[　　　　　　　]

3 お茶が 3 L あります。大きい水とうに $1\frac{1}{2}$ L, 小さい水とうに $\frac{3}{4}$ L 入れると, あと何 L 残りますか。（25点）

[　　　　　　　]

答えは91ページ ☞

1 次の時間を分数を使って表しましょう。(30点) 1つ10

❶ １分は何時間ですか。

[　　　　　　　]

❷ ５分は何時間ですか。

[　　　　　　　]

❸ 10分は何時間ですか。

[　　　　　　　]

2 次の時間を分数を使って表しましょう。(70点) 1つ14

❶ 15分は何時間ですか。

[　　　　　　　]

❷ 40分は何時間ですか。

[　　　　　　　]

❸ 96分は何時間ですか。

[　　　　　　　]

❹ 45秒は何分ですか。

[　　　　　　　]

❺ 84秒は何分ですか。

[　　　　　　　]

答えは91ページ☞

49 図形の角 ①

1 下の図の⑤～⑥の角度を計算で求めましょう。(60点) 1つ15

①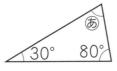

②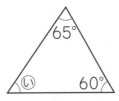

[　　　　　]　　　[　　　　　]

③

④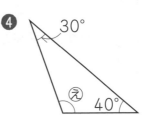

[　　　　　]　　　[　　　　　]

2 下の図の⑥, ⑥の角度を計算で求めましょう。(40点) 1つ20

①

②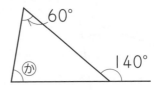

[　　　　　]　　　[　　　　　]

答えは92ページ ☞

50 図形の角 ②

月 日

得点

点 / 合格 80点

1 1組の三角定規を組み合わせたときにできるあといの角の大きさを求めましょう。(40点) 1つ20

❶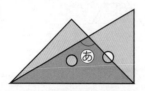

❷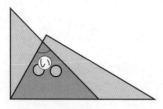

[   ]   [   ]

2 下の図のう〜かの角度を計算で求めましょう。(60点) 1つ15

❶

❷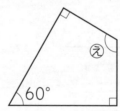

[   ]   [   ]

❸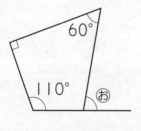

❹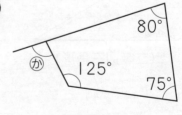

[   ]   [   ]

50

答えは92ページ

51 図形の角 ③

月　日
得点
点／合格80点

1 下の図の⑤, ⑥の角度を求めましょう。(40点) 1つ20

❶

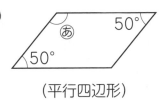

（平行四辺形）

❷

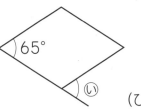

（ひし形）

[　　　　　] 　　[　　　　　]

2 右の図形について答えましょう。

(45点) 1つ15

❶ 何という名まえの図形ですか。

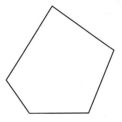

[　　　　　]

❷ 1つの頂点から対角線をひくと, 何個の三角形に分けられますか。

[　　　　　]

❸ この図形の角の大きさの和は何度ですか。

[　　　　　]

3 七角形の7つの角の大きさの和は何度ですか。(15点)

[　　　　　]

答えは92ページ ☞

1 右の平行四辺形 ABCD について，次の問いに答えましょう。(20点) 1つ10

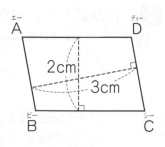

① 辺 BC を底辺とすると，高さは何 cm ですか。

[　　　　　]

② 辺 DC を底辺とすると，高さは何 cm ですか。

[　　　　　]

2 次の平行四辺形の面積を求めましょう。(60点) 1つ20

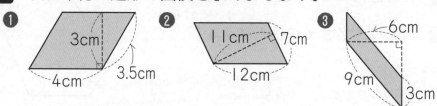

①　3cm　4cm　3.5cm

②　11cm　7cm　12cm

③　6cm　9cm　3cm

[　　　] [　　　] [　　　]

3 右の平行四辺形で，6 m の辺を底辺としたときの高さを求めましょう。

(20点)

27m²
6m

高さを□mとすると，
6×□=27 だね。

[　　　　　]

53 面積の求め方 ②

1 下の図で，あの三角形と面積が等しい三角形をい〜おから選び，記号で答えましょう。(20点)

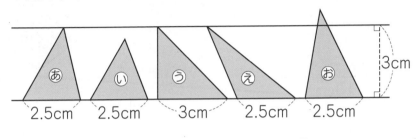

3cm

2.5cm　2.5cm　3cm　2.5cm　2.5cm

[　　　　　　　　　]

2 次の三角形の面積を求めましょう。(60点) 1つ20

❶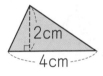

2cm
4cm

❷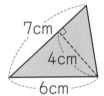

7cm
4cm
6cm

❸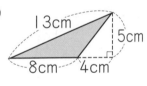

13cm
5cm
8cm　4cm

[　　　　　] [　　　　　] [　　　　　]

3 右の三角形 ABC で，辺 BC の長さを求めましょう。(20点)

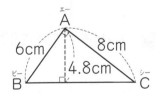

エー
A
6cm　8cm
4.8cm
ビー
B
シー
C

[　　　　　]

答えは92ページ ☞

月　　　日

得点

点／合格 80点

1 次の図形の面積を求めましょう。(80点) 1つ16

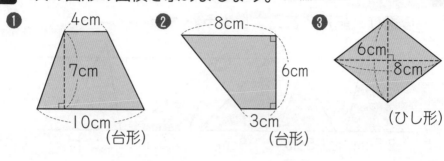

❶ 4cm / 7cm / 10cm （台形）

❷ 8cm / 6cm / 3cm （台形）

❸ 6cm / 8cm （ひし形）

[　　　　　] [　　　　　] [　　　　　]

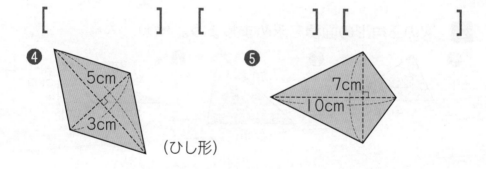

❹ 5cm / 3cm （ひし形）

❺ 7cm / 10cm

[　　　　　] [　　　　　]

2 右の正方形の面積を求めましょう。(20点)

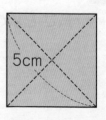

5cm

[　　　　]

答えは92ページ

1 次の図形の面積を求めましょう。（50点）1つ25

❶

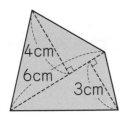

4cm
6cm
3cm

❷

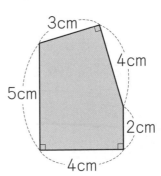

3cm
4cm
5cm
2cm
4cm

[　　　　　] 　 [　　　　　]

2 右の図で, 色のついた部分の面積を求めましょう。（25点）

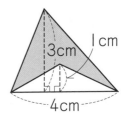

3cm
1cm
4cm

[　　　　　]

3 右の図のような平行四辺形の土地に, はば2mの道をつけるとき, 道をのぞいた部分の面積は何m² ですか。（25点）

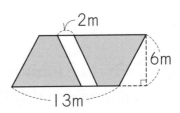

2m
6m
13m

[　　　　　]

56 面積の求め方 ⑤

月　日
得点
点　合格 80点

1 三角形の底辺を 8 cm ときめて，高さを 1 cm，2 cm，3 cm，… と変えていきます。(80点) 1つ20

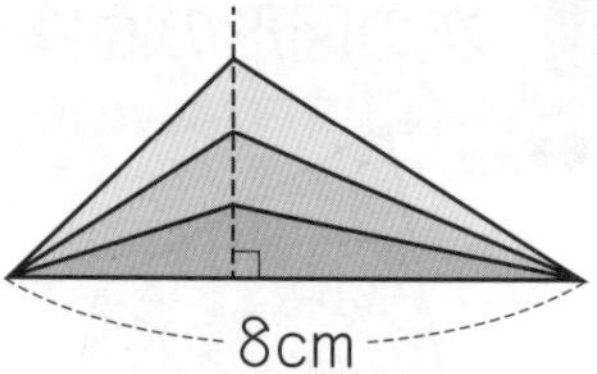

❶ 下の表を完成させましょう。

高さ(cm)	1	2	3	4	5	
面積(cm^2)	4					

❷ 高さが 2 倍，3 倍，…になると，面積はどうなりますか。

[　　　　　　　　]

❸ ❷のような高さと面積の関係を何といいますか。

[　　　　　　　　]

❹ 高さを□ cm，面積を○ cm^2 として，三角形の面積を求める式を書きましょう。

[　　　　　　　　]

2 右のあの三角形の面積は，いの三角形の面積の何倍ですか。(20点)

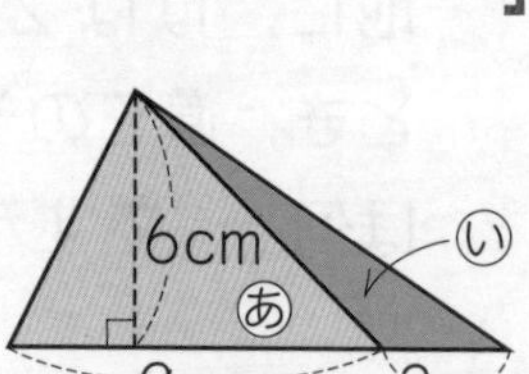

[　　　　　　　　]

57 平均 ①

1 右の表は，4回の計算テストの得点を表したものです。4回の計算テストの平均は何点ですか。(25点)

1回	2回	3回	4回
6点	9点	7点	8点

[　　　　　　]

2 右の表は，先週の5年生の欠席した人数を表したものです。この学年は1日に平均何人が欠席したことになりますか。(25点)

曜日	月	火	水	木	金
人数(人)	4	0	3	6	2

[　　　　　　]

3 箱の中から5個のみかんを取り出して重さをはかったら，右のようでした。(50点) 1つ25

89g 93g 87g 91g 90g

❶ みかんの重さは，1個平均何gですか。

[　　　　　　]

❷ この箱に入っているみかん50個の重さは何kgと考えられますか。

[　　　　　　]

答えは93ページ

58 平均 ②

1 右の表は，ゆみさんのクラスの1ぱんと2はんの人数とゲームの平均点を表したものです。2つのはんの平均点は何点ですか。(25点)

	人数	平均点
1ぱん	3人	8点
2はん	4人	4.5点

[　　　　　　　]

2 5個のすいかの重さをはかったら，そのうちの2個の重さの平均は15.1kg，残りの3個の重さの平均は13.6kgでした。(50点) 1つ25

① この5個のすいかの重さの合計は何kgですか。

[　　　　　　　]

② この5個のすいかの1個平均の重さは何kgですか。

[　　　　　　　]

3 かいとさんは，算数のテストを4回受けて，4回の平均点は75点でした。次のテストで何点をとれば，5回の平均点が80点になりますか。(25点)

[　　　　　　　]

59 平均③

1 ひとみさんが20歩で歩いたきょりを調べたら，13m
ありました。(50点) 1つ25

① ひとみさんの歩はばは何mといえばよいですか。

[　　　　　　]

② ひとみさんが家から駅まで歩いて歩数を調べたら，720
歩ありました。家から駅までの道のりは約何mですか。
上から2けたのがい数で答えましょう。

[　　　　　　]

2 りんご6個の重さを調
べたら，右のようになり
ました。(50点) 1つ25

| 308g | 314g | 311g |
| 313g | 316g | 310g |

① 300gをこえる重さに目をつけて，こえる8g，14g，
11g，13g，16g，10gの平均を求めましょう。

[　　　　　　]

② りんご6個の重さの平均は何gですか。

[　　　　　　]

答えは93ページ ☞

60 単位量あたりの大きさ ①

1 右の表は，2つの公園の面積とそこで遊んでいる子どもの人数を調べたものです。

	面積(m^2)	人数(人)
北町公園	45	15
南町公園	58	20

❶ 子ども1人あたりの面積は，それぞれ何 m^2 ですか。(30点)[ ]1つ15

北町公園 [　　　　　　　]　南町公園 [　　　　　　　]

❷ 1 m^2 あたりの子どもの人数は，それぞれ約何人ですか。$\dfrac{1}{100}$ の位までのがい数で求めましょう。(30点)[ ]1つ15

北町公園 [　　　　　　　]　南町公園 [　　　　　　　]

❸ どちらの公園がすいているといえますか。(15点)

[　　　　　　　]

2 Ａの水そうには，水が5.2Ｌと金魚が13びき入っています。また，Ｂの水そうには，水が5.6Ｌと金魚が16ぴき入っています。どちらの水そうの方がこんでいるといえますか。(25点)

[　　　　　　　]

単位量あたりの大きさ ②

1 右の表は，A市とB市の面積と人口を表したものです。

	面積(km²)	人口(人)
A市	160	48000
B市	255	51000

(75点) 1つ25

❶ A市の人口密度を求めましょう。

[   ]

❷ B市の人口密度を求めましょう。

[   ]

❸ A市とB市が合ぺいをして1つの市になったとき，その市の人口密度を求めましょう。答えは上から2けたのがい数で表しましょう。

[   ]

2 C市の面積は約360 km² で，人口密度は約320人です。C市の人口は約何人ですか。上から2けたのがい数で答えましょう。(25点)

[   ]

61

答えは93ページ

62 単位量あたりの大きさ ③

1 右の表は，Ａ，Ｂ２つの水田の面積と米の収かく量を表したものです。(60点) 1つ20

	面積(m²)	重さ(kg)
A	600	330
B	960	520

❶ Ａの水田では，１m² あたりの収かく量は平均何 kg でしたか。

[　　　　　]

❷ Ｂの水田では，１m² あたりの収かく量は平均何 kg でしたか。上から２けたのがい数で答えましょう。

[　　　　　]

❸ 米がよく収かくできたといえるのは，どちらの水田ですか。

[　　　　　]

2 ６Ｌのガソリンで72 km 走る自動車があります。
(40点) 1つ20

❶ ９Ｌのガソリンで走れる道のりは何 km ですか。

[　　　　　]

❷ 264 km の道のりを走るのに必要なガソリンは何Ｌですか。

[　　　　　]

答えは93ページ☞

63 速 さ ①

1 次の問いに答えましょう。 (60点) 1つ20

❶ 8分間に520m歩く人の速さは，分速何mですか。

[　　　　]

❷ 5時間に270km進む自動車の時速は何kmですか。

[　　　　]

❸ 40秒間に8.2km飛ぶジェット機の秒速は何mですか。

[　　　　]

2 次の□にあてはまる数を書きましょう。 (40点) 1つ10

❶ 秒速6mは分速 [　　　] m です。

❷ 分速250mは時速 [　　　] km です。

❸ 時速48kmは分速 [　　　] m です。

❹ 時速90kmは秒速 [　　　] m です。

長さの単位に
気をつけよう。

答えは94ページ ☞

月　日

得点

点 ／ 合格 80点

1 次の問いに答えましょう。（100点）1つ20

❶ 時速 90 km で走る列車は，3 時間で何 km 走りますか。

[　　　　　　　]

❷ 分速 110 m でジョギングすると，5 分間で何 m 走りますか。

[　　　　　　　]

❸ 音は空気中を秒速 340 m の速さで伝わります。5 秒間には何 km 伝わりますか。

[　　　　　　　]

❹ 時速 60 km で走る自動車は，1 時間 30 分で何 km 進みますか。

[　　　　　　　]

❺ 秒速 1.2 m で歩く人は，10 分間で何 m 歩きますか。

[　　　　　　　]

答えは94ページ ☞

1 次の問いに答えましょう。(60点) 1つ20

❶ 360 km の道のりを時速 60 km の自動車で走ると何時間かかりますか。

[　　　　　　　]

❷ 時速 114 km で走る電車は，285 km 走るのに何時間何分かかりますか。

[　　　　　　　]

❸ 1周が 3 km ある池のまわりの道を秒速 2 m で1周すると何分かかりますか。

[　　　　　　　]

2 自転車で 30 分間走ると 5.4 km 進みました。(40点) 1つ20

❶ 分速何 m で走ったことになりますか。

[　　　　　　　]

❷ この速さで 8.1 km 走ると，何分かかりますか。

[　　　　　　　]

1 家から公園まで分速 70 m で歩くと 12 分かかります。同じ道を分速 112 m の自転車で進むと，何分何秒かかりますか。(20点)

[　　　　　　　]

2 秒速 25 m で走っている長さ 40 m の列車があります。この列車が，長さ 35 m の橋をわたり始めてからわたり終わるまでに何秒かかりますか。(20点)

[　　　　　　　]

3 ある製品をつくる機械が 2 台あります。機械Aは 4 分間で 120 個，機械Bは 9 分間で 360 個の製品をつくります。(60点) 1つ20

❶ 機械Aでは製品を 1 分間あたり何個つくれますか。

[　　　　　　　]

❷ 機械Bでは製品を 1 分間あたり何個つくれますか。

[　　　　　　　]

❸ 速くこの製品をつくることができるのは，どちらの機械ですか。

[　　　　　　　]

答えは94ページ☞

67 割合 ①

1 りんさんのクラスは 36 人で, 2 つのはんに分かれています。 | ぱんは 16 人で, 2 はんは 20 人です。(30点) 1つ15

❶ クラス全体の人数は, | ぱんの人数の何倍ですか。

[　　　　　　　]

❷ | ぱんの人数は, 2 はんの人数の何倍ですか。

[　　　　　　　]

2 30 g をもとにしたとき, 次の重さの割合を求めましょう。(30点) 1つ15

❶ 9 g　　　　　　　❷ 54 g

[　　　　　]　　　[　　　　　]

3 次の割合を求めましょう。(40点) 1つ20

❶ 12 m をもとにしたとき, 66 m の割合

[　　　　　]

❷ 500 円をもとにしたとき, 160 円の割合

[　　　　　]

答えは94ページ ☞

月　日

得点

点　/合格 80点

1 次の表で，割合を表す小数と百分率，歩合の等しいものがたてにならぶようにしましょう。(56点) 1つ7

割合を表す小数	0.75	❸	❺	❼
百分率	❶	60%	❻	22.3%
歩合	❷	❹	1割5分	❽

2 次の問いに答えましょう。(44点) 1つ11

割合はいろいろな表し方があるね。

❶ 5 m は 25 m の何割ですか。

[　　　　　]

❷ 1200 円は 1500 円の何%ですか。

[　　　　　]

❸ 28 人は 80 人の何割何分ですか。

[　　　　　]

❹ 95 mL は 76 mL の何%ですか。

[　　　　　]

答えは94ページ

1 次の長さを求めましょう。(40点) 1つ20

❶ 65 cm の 40%

❷ 65 cm の 160%

[　　　　　]　　　[　　　　　]

2 2 L あった牛にゅうのうち，3 割を飲みました。何 L 飲みましたか。(20点)

[　　　　　]

3 定員が 46 人のラグビークラブに定員の 150% の人が入会を希望しています。希望者は何人ですか。(20点)

[　　　　　]

4 1500 円持っています。このうちの 8 割 5 分のお金でシャツを買いました。シャツを買うのに使ったお金はいくらですか。(20点)

[　　　　　]

得点

点 / 合格 80点

1 次の□にあてはまる数を求めましょう。(40点) 1つ20

❶ □ g の 30% が 90 g

❷ □ 円の 125% が 150 円

[　　　　　　] 　　　 [　　　　　　]

2 けんたさんのクラスで, ペットを飼っている人は 21 人います。これは, クラス全体の人数の 60% です。

(40点) 1つ20

❶ クラス全体の人数を□人として, かけ算の式に表しましょう。

[　　　　　　]

❷ クラス全体の人数は何人ですか。

[　　　　　　]

3 持っていたお金の 8 割にあたる 760 円で買い物をしました。はじめに何円持っていましたか。(20点)

[　　　　　　]

答えは94ページ ☞

71 割合 ⑤

1 ちえみさんは，定価 3300 円のセーターを 2 割びきで買いました。代金を次の 2 通りの考え方で求めましょう。

(50点) 1つ25

❶ いくら安くなったのかを求めてから，代金を求める。

[　　　　　　　　]

❷ 定価の何割で買ったのかを考えて，代金を求める。

[　　　　　　　　]

2 これまで 1 ふくろ 350 g 入りだったせんべいを 20％増量して売っています。いま売っている 1 ふくろは何g入りですか。(25点)

[　　　　　　　　]

3 ある小学校の 5 年生は 125 人です。このうちの 40％が文化部で，文化部の 20％が合唱部です。合唱部の人数は何人ですか。(25点)

[　　　　　　　　]

答えは94ページ ☞

割合のグラフ ①

1 右のグラフは，都道府県別の
レタスの収かく量の割合を円
グラフに表したものです。

① 次の県の収かく量の割合は，
全体の何％になりますか。

（60点）[　]1つ15

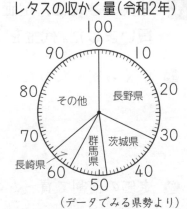

レタスの収かく量（令和2年）

（データでみる県勢より）

㋐ 長野県　　　　㋑ 茨城県

[　　　　　　]　　　[　　　　　　]

㋒ 群馬県　　　　㋓ 長崎県

[　　　　　　]　　　[　　　　　　]

② 長野県の収かく量は群馬県の何倍ですか。（20点）

[　　　　　　]

③ 茨城県の収かく量は長野県の何分の１ですか。（20点）

[　　　　　　]

答えは95ページ

1 下の表は, A市の土地利用のようすを表したものです。

A市の土地利用

	面積(km²)	百分率(%)
住たく	80	㋐
水田	42	21
山林	34	㋑
工場	26	㋒
その他	18	9
合計	200	100

A市の土地利用

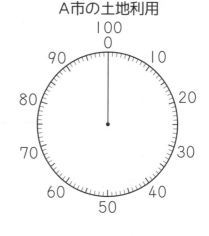

❶ 住たく, 山林, 工場の割合を百分率で表し, 表に書きましょう。(60点) 1つ20

❷ A市の土地利用のようすを右上の円グラフに表しましょう。(20点)

❸ A市の土地利用のようすを下の帯グラフに表しましょう。

(20点)

A市の土地利用

```
0   10   20   30   40   50   60   70   80   90  100%
```

答えは95ページ ☞

割合のグラフ ③

1 次のグラフは，日本の年令別人口の割合を 20 年ごとに調べて表したものです。(100点) 1つ25

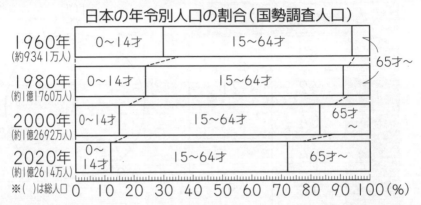

日本の年令別人口の割合（国勢調査人口）

❶ 60 年間で割合が 4 倍以上になっているのは，どの部分ですか。

[　　　　　　　　　]

❷ 60 年間で割合が半分以下になっているのは，どの部分ですか。

[　　　　　　　　　]

❸ 1980 年と 2000 年の「15～64 才」の割合はどちらも約 70％なので，人口もほぼ同じと考えてよいですか。

[　　　　　　　　　]

❹ 円グラフではなく，帯グラフで表しているのはなぜですか。

[　　　　　　　　　]

答えは95ページ ☞

正多角形 ①

1 右の図のように，円を使って正多角形をかきました。次の問いに答えましょう。(80点) 1つ20

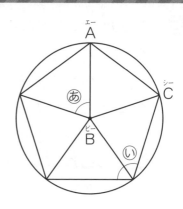

① 何という名まえの正多角形ですか。

[　　　　　　　　]

② 角あの大きさは何度ですか。

[　　　　　　　　]

③ 三角形ABCは何という三角形ですか。

[　　　　　　　　]

④ 角いの大きさは何度ですか。

[　　　　　　　　]

2 半径2cmの円をかき，円のまわりを半径の長さに区切ってかく方法で，正六角形をかきましょう。(20点)

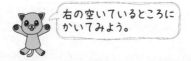

右の空いているところにかいてみよう。

月　日

得点

点 / 合格 70点

1 次の⑦～⊥の中から，かならず正多角形になる図形をすべて選び，記号で答えましょう。(40点)

⑦ 3つの角の大きさが等しい三角形

④ 4つの角の大きさが等しい四角形

⑦ 5つの辺の長さが等しい五角形

⊥ 6つの辺の長さが等しく，6つの角の大きさも等しい六角形

[　　　　　　　　]

2 円の中心のまわりの角を等分する方法で，正五角形と正八角形をかきましょう。(60点) 1つ30

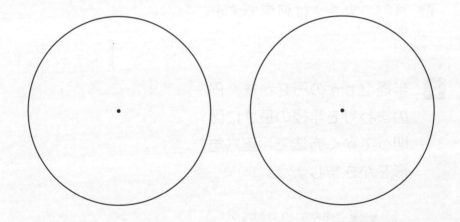

答えは95ページ ☞

77 円のまわりの長さ ①

1 次の円の円周の長さを求めましょう。(60点) 1つ20

❶
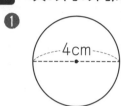

[　　　　　　　]

❷ 直径が 6 cm の円　　　❸ 半径が 2.5 cm の円

[　　　　　]　　　　[　　　　　]

2 次の図形の色のついた部分のまわりの長さを求めましょう。(40点) 1つ20

❶
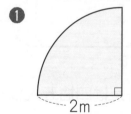

❷
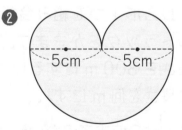

[　　　　　]　　　　[　　　　　]

答えは95ページ ☞

円のまわりの長さ ②

1 円周の長さが 25.12 cm の円の直径の長さを求めます。□にあてはまる数を書きましょう。(60点)□1つ15

直径の長さを□ cm とすると，

　□×3.14＝25.12

　　□＝⟨⑦　　　⟩÷⟨⑦　　　⟩

　　□＝⟨⑦　　　⟩　　　　（答え）⟨⑦　　　⟩cm

2 円周の長さが 15 cm の円をかくとき，半径を何 cm にすればよいですか。答えは四捨五入して $\frac{1}{10}$ の位までのがい数で求めましょう。(20点)

[　　　　　　　]

3 校庭に右の図のような半円2つと長方形1つを組み合わせた形のトラックをかきます。1周の長さを 300 m にするには，AB の長さを何 m にすればよいですか。答えは四捨五入して $\frac{1}{10}$ の位までのがい数で求めましょう。(20点)

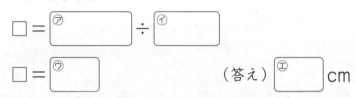

[　　　　　　　]

答えは96ページ ☞

79 円のまわりの長さ ③

1 円の直径の長さを 1 cm，2 cm，3 cm，…と変えていくと，円周の長さがどのようになるか調べます。

❶ 下の表にあてはまる数を書きましょう。(30点) 1つ10

直径(cm)	1	2	3	4	5	
円周(cm)	3.14	㋐	9.42	㋑	㋒	

❷ 直径の長さが 1 cm ずつ増えると，円周の長さは何 cm ずつ増えますか。(14点)

[　　　　　　　　　　]

❸ 直径の長さが 2 倍，3 倍になると，円周の長さはどのようになりますか。(14点)

[　　　　　　　　　　]

❹ 円周の長さと直径の関係を何といいますか。(14点)

[　　　　　　　　　　]

❺ 直径の長さを □ cm，円周の長さを ○ cm として，円周の長さを求める式を書きましょう。(14点)

[　　　　　　　　　　]

❻ 直径が 30 cm のときの円周の長さを求めましょう。(14点)

[　　　　　　　　　　]

答えは96ページ ☞

80 角柱と円柱 ①

1 次の立体の名まえを答えましょう。(30点) 1つ10

❶ 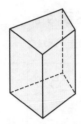　❷ 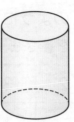　❸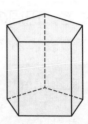

[　　　　　] [　　　　　　] [　　　　　]

2 次の立体で, あ〜おにあてはまることばを書きましょう。

(40点)[　]1つ8

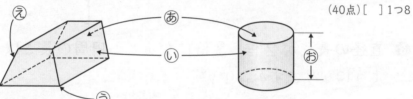

あ [　　　　　　] い [　　　　　　]

う [　　　　　　] え [　　　　　　]

お [　　　　　　]

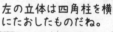
左の立体は四角柱を横にたおしたものだね。

3 六角柱の頂点の数, 辺の数, 側面の数を答えましょう。

(30点) 1つ10

❶ 頂点の数　　　❷ 辺の数　　　❸ 側面の数

[　　　　　] [　　　　　] [　　　　　]

答えは96ページ ☞

81 角柱と円柱 ②

月　日

得点

点 合格 80点

1 右の角柱について答えましょう。(40点) 1つ10

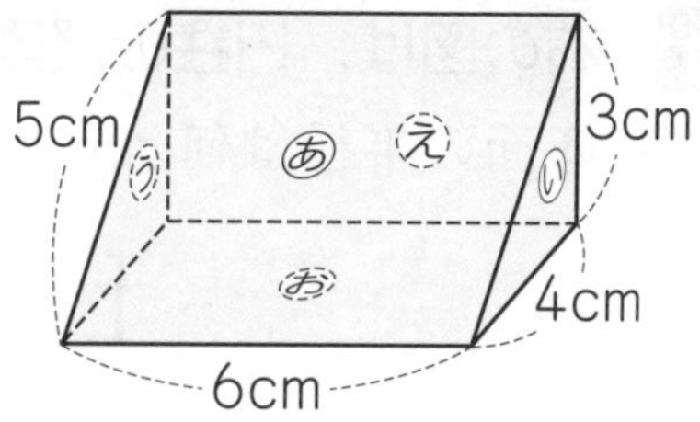

❶ この立体の名まえを書きましょう。

[　　　　　]

❷ 底面はどの面ですか。記号で全部答えましょう。

[　　　　　]

❸ この角柱の高さは何 cm ですか。 [　　　　　]

❹ ㋑の面と平行な面を記号で答えましょう。

[　　　　　]

2 右の展開図(てんかいず)について答えましょう。(60点) 1つ20

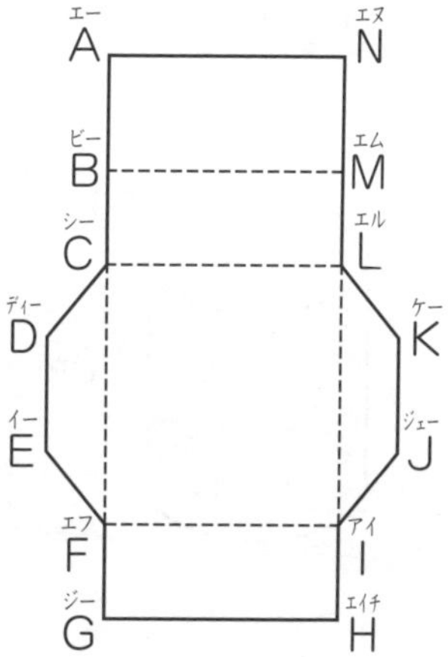

❶ この展開図を組み立ててできる立体の名まえを書きましょう。

[　　　　　]

❷ 点Aと重なる点を全部書きましょう。

[　　　　　]

❸ 辺KJと重なる辺を書きましょう。

[　　　　　]

答えは96ページ ☞

角柱と円柱 ③

1 右の図は，円柱の展開図です。（75点）1つ25

❶ 底面の半径は何 cm ですか。

[　　　　　　　　]

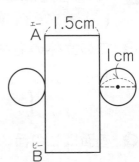

❷ 高さは何 cm ですか。

[　　　　　　　　]

❸ 辺ABの長さは何 cm ですか。

[　　　　　　　　]

2 下の円柱の展開図をかきましょう。（25点）

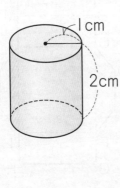

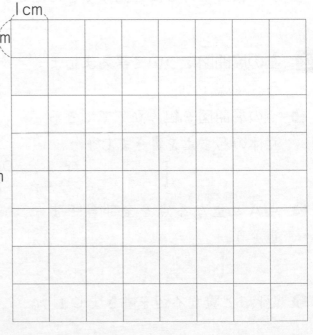

答えは96ページ ☞

1 Aさんは，去年4000円貯金があり，今年の1月から毎月300円ずつ貯金します。Bさんは，去年まで貯金がなく，1月から毎月700円ずつ貯金をはじめます。2人の貯金の金額が等しくなるのは何月ですか。次の❶〜❹の順に考えましょう。（100点）1つ25

❶ 1月，2月，3月，…の2人の貯金の金額とその差を表に表しましょう。

	去年	1月	2月	3月	4月	
A(円)	4000	4300				
B(円)	0	700				
差(円)	4000	3600				

❷ はじめの2人の差は何円ですか。

[　　　　　]

❸ 差は，1か月に何円ずつ減っていきますか。

[　　　　　]

❹ ❷，❸のことから，何月に2人の貯金の金額が等しくなるか求めましょう。

[　　　　　]

いろいろな問題 ②

月　　日
得点
点 ／ 合格80点

1 マッチぼうを下の図のようにならべて，正三角形を順に
つくっていきます。(100点) 1つ20

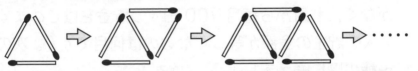

❶ 正三角形の数と，マッチぼうの本数の関係を下の表に整
理しましょう。

正三角形の数(個)	1	2	3	4	
マッチぼうの本数(本)					

❷ 正三角形の数が1個増えると，マッチぼうの本数は何
本増えますか。

[　　　　　　　]

❸ 正三角形の数が□個のときのマッチぼうの本数を求める
式を書きましょう。

[　　　　　　　]

❹ 正三角形が10個ならんだときのマッチぼうの本数は何
本ですか。

[　　　　　　　]

❺ マッチぼうを41本使うと，正三角形が何個つくれます
か。

[　　　　　　　]

答えは96ページ ☞

答　え

① **整数と小数 ①**　**1ページ**

1 5.762

2 ❶0.01　❷8642個

3 いちばん大きい数…84.31
いちばん小さい数…13.48

② **整数と小数 ②**　**2ページ**

1 10倍…50.28
1000倍…5028

2 $\dfrac{1}{100}$…3.207

$\dfrac{1}{1000}$…0.3207

3 ❶63.1…10倍
6310…1000倍

❷2.59…$\dfrac{1}{10}$

0.259…$\dfrac{1}{100}$

4 ❶2870　❷0.341

③ **直方体や立方体の体積 ①**　**3ページ**

1 ❶cm³　❷24　❸24cm³

2 ❶8cm³　❷16cm³　❸1cm³

>>>**考え方** ❸は，1cm³ の立方体を半分に切ってつないだ形です。

④ **直方体や立方体の体積 ②**　**4ページ**

1 ❶36cm³　❷125cm³

>>>**考え方** ❶3×4×3＝36(cm³)
❷5×5×5＝125(cm³)

2 980000cm³

>>>**考え方** 2m＝200cm
70×200×70＝980000(cm³)
単位をそろえて計算します。

3 5cm

>>>**考え方** 4×5×□＝100
□＝100÷4÷5＝5

⑤ **直方体や立方体の体積 ③**　**5ページ**

1 ❶⑦4cm　⑦2cm

❷24cm³

2 ❶30cm³　❷64cm³

>>>**考え方** ❶3×5×2＝30(cm³)
❷4×4×4＝64(cm³)

⑥ **直方体や立方体の体積 ④**　**6ページ**

1 ❶24cm³　❷375cm³

❸243cm³　❹406cm³

>>>**考え方** ❶上下に2つの直方体に分けて求めると，2×2×1＝4(cm³)
2×5×(3−1)＝20(cm³)
4+20＝24(cm³)
❷5×(10−5)×5＝125(cm³)
5×10×5＝250(cm³)
125+250＝375(cm³)
❸(6−3)×(6−3)×3＝27(cm³)
6×6×6＝216(cm³)
27+216＝243(cm³)
❹ない部分をうめて1つの直方体と考えて求めてから，うめた部分をひいて求めると，10×7×7＝490(cm³)
4×(7−1−3)×7＝84(cm³)
490−84＝406(cm³)

⑦ いろいろな体積の単位① 7ページ

1 ❶ $36\,m^3$ ❷ $27\,m^3$

2 ❶ $20\,m^3$ ❷ $20000000\,cm^3$

3 ❶ 7000000 ❷ 4

⑧ いろいろな体積の単位② 8ページ

1 ❶ 2000 ❷ 7 ❸ 6

❹ 4000

2 ❶ $24000\,cm^3$ ❷ 24 L

3 9 L

≫考え方 $15×30×20=9000\,(cm^3)$
$9000\,cm^3=9\,L$

⑨ 比 例① 9ページ

1 ❶（左から）24, 48, 72

❷ 2倍, 3倍, 4倍, …になる

❸ $12\,cm^3$ ❹比例している

❺ 10 cm

⑩ 比 例② 10ページ

1 ❶○ ❷× ❸○ ❹×

2 ❶比例していない

❷比例している

⑪ 比 例③ 11ページ

1 ❶（左から）120, 180,

240, 300, 360

❷比例している

❸ $60×□=○$ ❹ 900円

❺ 8 m

≫考え方 ❺○が480のときで,
$60×□=480$ $□=480÷60=8\,(m)$

⑫ 比 例④ 12ページ

1 ❶（左から）3, 9, 12

❷ $□×3=○$ ❸ 27 cm

❹ 15 cm

2 120 km

⑬ 小数のかけ算① 13ページ

1 ⑦

2 ❶ 10 ❷ 100

3 ❶ 2.1 ❷ 7.2 ❸ 123

❹ 108

4 156円

≫考え方 $60×2.6=60×26÷10$
$=156\,(円)$

⑭ 小数のかけ算② 14ページ

1 ❶ 100 ❷ 100

2 ❶ 8.618 ❷ 8.618

3 ❶ 0.28 ❷ 0.096

❸ 0.36 ❹ 0.305

⑮ 小数のかけ算③ 15ページ

1 ❶ 10.64 ❷ 5.852

❸ 15.246

2
```
❶   4.5     ❷   3.54    ❸   0.85
  ×6.7        ×  4.6       ×  7.4
   315        2124         340
  270        1416         595
 30.15      16.284       6.290
```

≫考え方 ❸小数点をうってから, 右はしの
0を消します。

3 14 g

≫考え方 $8.75×1.6=14\,(g)$

⑯ 小数のかけ算④　16ページ

1

❶
$$\begin{array}{r} 0.29 \\ \times\ \ 2.8 \\ \hline 232 \\ 58\ \ \\ \hline 0.812 \end{array}$$

❷
$$\begin{array}{r} 0.32 \\ \times 1.75 \\ \hline 160 \\ 224\ \ \\ 32\ \ \ \\ \hline 0.5600 \end{array}$$

❸
$$\begin{array}{r} 5.1 \\ \times 0.28 \\ \hline 408 \\ 102\ \ \\ \hline 1.428 \end{array}$$

2　㋐, ㋔

3　**❶** 147　**❷** 3.3　**❸** 297

≫考え方 **❶** $2.6×14.7+7.4×14.7$
$=(2.6+7.4)×14.7=10×14.7=147$
❷ $0.33×2.5×4=0.33×10=3.3$
❸ $19.8×15=(20-0.2)×15$
$=20×15-0.2×15=300-3=297$

⑰ 小数のかけ算⑤　17ページ

1　**❶** $9.1\ cm^2$　**❷** $27.04\ cm^2$
　　❸ $0.276\ m^2$　**❹** $0.216\ m^3$
　　❺ $215.6\ cm^3$

2　$15.48\ m^3$

≫考え方 $4.3×3×1.2=15.48(m^3)$

⑱ 小数の倍　18ページ

1　**❶** 8.3倍　**❷** 0.45倍

≫考え方 **❶** $830÷100=8.3(倍)$
❷ $90÷200=0.45(倍)$

2　**❶** 1.25倍　**❷** 0.8倍

≫考え方 **❶** $45÷36=1.25(倍)$
❷ $36÷45=0.8(倍)$

3　1.4 L

≫考え方 $5.6×0.25=1.4(L)$

⑲ 小数のわり算①　19ページ

1　㋑

2　**❶** 10, 44　**❷** 100, 8040

3　**❶** 3　**❷** 0.5　**❸** 70

⑳ 小数のわり算②　20ページ

1　**❶** 4.8　**❷** 4.8　**❸** 4.8
　　❹ 0.48

2　**❶** 6.6　**❷** 3.7　**❸** 1.7
　　❹ 5.4　**❺** 3.5　**❻** 1.8

㉑ 小数のわり算③　21ページ

1　**❶** 2.5　**❷** 2.5　**❸** 0.3
　　❹ 1.25　**❺** 0.65　**❻** 0.6

2　**❶** 0.8 kg　**❷** 1.25 L

≫考え方 **❶** $5.2÷6.5=0.8(kg)$
❷ $6.5÷5.2=1.25(L)$

㉒ 小数のわり算④　22ページ

1　㋑, ㋔

2　**❶** 206　**❷** 15　**❸** 15

3　2.4 m

≫考え方 $2.04÷0.85=2.4(m)$

㉓ 小数のわり算⑤　23ページ

1　**❶** 9あまり0.5
　　❷ 38あまり0.8
　　❸ 25あまり1.4

2　3本とれて, 0.2 mあまる

≫考え方 $1.7÷0.5=3あまり0.2$

3　11ふくろできて, 0.3kgあまる

≫考え方 $8÷0.7=11あまり0.3$

㉔ 小数のわり算⑥　24ページ

1 ❶2.7 ❷0.71 ❸1.4 ❹55

≫考え方 ❶$0.8÷0.3=2.66\overset{7}{\cdots}$

❷$3.25÷4.6=0.70\overset{1}{6}\cdots$

❸$2.6÷1.85=1.40\cdots$

❹$390÷7.1=54.\overset{5}{9}\cdots$

2 約2.5kg

≫考え方 $7.1÷2.8=2.53\cdots(kg)$

㉕ 小数の倍とわり算①　25ページ

1 ❶1.4倍 ❷0.8倍

≫考え方 ❶$4.9÷3.5=1.4(倍)$
❷$2.8÷3.5=0.8(倍)$

2 ❶2.5倍 ❷0.4倍

≫考え方 ❶$18.75÷7.5=2.5(倍)$
❷$7.5÷18.75=0.4(倍)$

㉖ 小数の倍とわり算②　26ページ

1 ❶□×1.8=2.16 ❷1.2kg

≫考え方 ❷$□=2.16÷1.8=1.2(kg)$

2 ❶㋐1.2倍 ㋑1.25倍

❷子ども

≫考え方 ❶㋐$600÷500=1.2(倍)$
㋑$250÷200=1.25(倍)$

㉗ 合同な図形①　27ページ

1 ㋐と㋙, ㋑と㋔, ㋒と㋚,
㋕と㋘

≫考え方 形も大きさも同じ図形を見つけます。

2 ❶頂点H ❷辺CB ❸角D

㉘ 合同な図形②　28ページ

1 ❶3cm ❷90°

≫考え方 辺EFに対応する辺は, 辺BCで
3cmです。

2 ❶合同です ❷辺CD
❸角D

㉙ 合同な図形③　29ページ

1 ❶
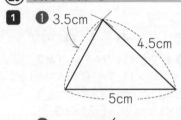

❷
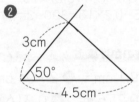

❸
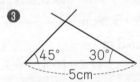

㉚ 合同な図形④　30ページ

1 ❶
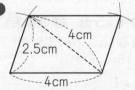

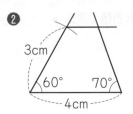

❷
3cm
60° 70°
4cm

❸ 2.5cm
50°

❷公倍数…15, 30, 45
　最小公倍数…15
❸公倍数…30, 60, 90
　最小公倍数…30
❹公倍数…30, 60, 90
　最小公倍数…30
❺公倍数…60, 120, 180
　最小公倍数…60

㉛ 偶数と奇数　　31ページ

1　偶数…0, 12, 16, 82, 102
　　奇数…1, 7, 35, 99
2　サッカー
3　奇数
>>考え方 奇数＋偶数＝奇数
4　偶数
>>考え方 偶数－偶数＝偶数

㉜ 倍数と公倍数①　　32ページ

1　6, 36, 72, 96
2　❶3, 6, 9, 12, 15, 18
　　❷7, 14
3　❶2, 4, 6, 8
　　❷4, 8, 12, 16
　　❸5, 10, 15, 20
　　❹11, 22, 33, 44
　　❺12, 24, 36, 48

㉝ 倍数と公倍数②　　33ページ

1　❶公倍数…6, 12, 18
　　　最小公倍数…6

㉞ 倍数と公倍数③　　34ページ

1　❶45cm　❷15まい
>>考え方 9と15の最小公倍数を求めます。
1辺が45cmの正方形のとき, たてに5
まい, 横に3まいならびます。

2　❶48分ごと
　　❷午前10時36分
>>考え方 12と16の最小公倍数を求めま
す。電車とバスが同時に出発するのは, 午
前9時, 9時48分, その次は, 9時48
分＋48分＝10時36分です。

㉟ 約数と公約数①　　35ページ

1　❶倍数　❷約数
2　❶1, 2, 3, 6
　　❷1, 2, 4, 8
　　❸1, 3, 5, 15
　　❹1, 19　❺1, 3, 11, 33
3　3, 7, 11

㊱ 約数と公約数②　　36ページ

1　❶公約数…1, 2, 3, 6
　　　最大公約数…6

❷公約数…1, 5

　　最大公約数…5

❸公約数…1, 2, 3, 6, 9, 18

　　最大公約数…18

❹公約数…1, 7

　　最大公約数…7

❺公約数…1, 2, 3, 6

　　最大公約数…6

㊲ 約数と公約数③　　　**37ページ**

1 ❶1cm, 2cm, 4cm

　❷4cm

2 ❶2人, 4人, 5人, 10人,

　　20人

　❷あめ…2個, ガム…3個

㊳ 分数と小数・整数①　　　**38ページ**

1 ❶$\frac{2}{9}$ ❷$\frac{5}{14}$ ❸$\frac{10}{3}\left(3\frac{1}{3}\right)$

　❹$\frac{1}{10}$

2 ❶7 ❷8 ❸15

3 ❶$\frac{2}{11}$ ❷$\frac{10}{7}\left(1\frac{3}{7}\right)$

4 $\frac{2}{5}$L

≫考え方 $2\div5=\frac{2}{5}$(L)

㊴ 分数と小数・整数②　　　**39ページ**

1 ❶0.6 ❷0.9 ❸1.5

　❹1.75 ❺1.15

2 ❶< ❷< ❸>

3 分数…$\frac{2}{5}$倍, 小数…0.4倍

㊵ 分数と小数・整数③　　　**40ページ**

1 ❶$\frac{7}{10}$ ❷$\frac{6}{1}$ ❸$\frac{3}{1000}$

　❹$\frac{521}{100}\left(5\frac{21}{100}\right)$ ❺$\frac{10}{1}$

2 ❶$\frac{47}{100}$kg

　❷$\frac{101}{100}$km$\left(1\frac{1}{100}$km$\right)$

　❸$\frac{13}{10}$L$\left(1\frac{3}{10}$L$\right)$

　❹$\frac{1}{1000}$m

3 子ねこ⇨うさぎ⇨子犬

≫考え方 分数を小数になおして重さを比べます。

㊶ 等しい分数①　　　**41ページ**

1 ❶$\frac{3}{4}=\frac{3\times\boxed{5}}{4\times\boxed{5}}=\frac{\boxed{15}}{20}$

　❷$\frac{12}{18}=\frac{12\div\boxed{6}}{18\div\boxed{6}}=\frac{2}{\boxed{3}}$

2 ❶2, 4 ❷16, 3

　❸4, 21 ❹4, 12

3 $\frac{2}{4}$, $\frac{6}{12}$, $\frac{8}{16}$, $\frac{10}{20}$

㊷ 等しい分数②　　　**42ページ**

1 ❶$\frac{2}{3}$ ❷$\frac{1}{2}$ ❸$\frac{2}{5}$ ❹$\frac{4}{7}$

　❺$\frac{2}{3}$ ❻$\frac{1}{3}$

2 ❶$\frac{4}{12}$, $\frac{9}{12}$ ❷$\frac{15}{18}$, $\frac{5}{18}$

　❸$\frac{9}{21}$, $\frac{7}{21}$ ❹$\frac{16}{24}$, $\frac{21}{24}$, $\frac{12}{24}$

3 $\left(\frac{6}{8}, \frac{9}{12}, \frac{15}{20}, \frac{12}{16}\right)\left(\frac{20}{24}, \frac{10}{12}\right)$

90

㊸ 分数のたし算とひき算 ① 43ページ

1 ❶ 15, 11 ❷ 8, 3, 5

2 ❶ $\dfrac{7}{12}$ ❷ $\dfrac{13}{15}$ ❸ $\dfrac{17}{18}$ ❹ $\dfrac{19}{24}$

　 ❺ $\dfrac{23}{21}\left(1\dfrac{2}{21}\right)$ ❻ $\dfrac{59}{45}\left(1\dfrac{14}{45}\right)$

3 $\dfrac{17}{20}$ kg

≫考え方 $\dfrac{3}{5}+\dfrac{1}{4}=\dfrac{12}{20}+\dfrac{5}{20}=\dfrac{17}{20}$ (kg)

㊹ 分数のたし算とひき算 ② 44ページ

1 ❶ 9, 2 ❷ 6, 2, 6

2 ❶ $\dfrac{1}{20}$ ❷ $\dfrac{5}{12}$ ❸ $\dfrac{7}{9}$ ❹ $\dfrac{1}{10}$

　 ❺ $\dfrac{4}{21}$ ❻ $\dfrac{1}{24}$

3 $\dfrac{3}{8}$ L

≫考え方 $\dfrac{5}{8}-\dfrac{1}{4}=\dfrac{5}{8}-\dfrac{2}{8}=\dfrac{3}{8}$ (L)

㊺ 分数のたし算とひき算 ③ 45ページ

1 ❶ $\dfrac{7}{10}$ ❷ $\dfrac{1}{2}$ ❸ $\dfrac{19}{21}$ ❹ $\dfrac{1}{6}$

　 ❺ $\dfrac{9}{10}$ ❻ $\dfrac{13}{15}$ ❼ $\dfrac{4}{3}\left(1\dfrac{1}{3}\right)$

　 ❽ $\dfrac{9}{20}$

2 ❶ $\dfrac{10}{9}\left(1\dfrac{1}{9}\right)$ ❷ $\dfrac{3}{4}$

㊻ 分数のたし算とひき算 ④ 46ページ

1 ❶ $3\dfrac{4}{9}\left(\dfrac{31}{9}\right)$ ❷ $\dfrac{7}{20}$

　 ❸ $4\dfrac{3}{10}\left(\dfrac{43}{10}\right)$ ❹ $1\dfrac{3}{10}\left(\dfrac{13}{10}\right)$

　 ❺ $2\dfrac{1}{4}\left(\dfrac{9}{4}\right)$ ❻ $\dfrac{1}{2}$

　 ❼ $5\dfrac{11}{24}\left(\dfrac{131}{24}\right)$ ❽ $\dfrac{1}{5}$

2 ❶ $\dfrac{11}{10}\left(1\dfrac{1}{10}\right)$ ❷ $\dfrac{5}{12}$

≫考え方 ❶ $\dfrac{4}{5}+0.3=\dfrac{8}{10}+\dfrac{3}{10}=\dfrac{11}{10}$

❷ $1.25-\dfrac{5}{6}=\dfrac{125}{100}-\dfrac{5}{6}=\dfrac{5}{4}-\dfrac{5}{6}$

$=\dfrac{15}{12}-\dfrac{10}{12}=\dfrac{5}{12}$

㊼ 分数のたし算とひき算 ⑤ 47ページ

1 $1\dfrac{7}{15}$ kg $\left(\dfrac{22}{15}$ kg$\right)$

≫考え方 $1\dfrac{3}{10}+\dfrac{1}{6}=1\dfrac{9}{30}+\dfrac{5}{30}=1\dfrac{7}{15}$ (kg)

2 ❶ $4\dfrac{3}{20}$ m $\left(\dfrac{83}{20}$ m$\right)$ ❷ $\dfrac{13}{20}$ m

≫考え方 ❶ $1\dfrac{3}{4}+2\dfrac{2}{5}=1\dfrac{15}{20}+2\dfrac{8}{20}$

$=3\dfrac{23}{20}=4\dfrac{3}{20}$ (m)

❷ $2\dfrac{2}{5}-1\dfrac{3}{4}=2\dfrac{8}{20}-1\dfrac{15}{20}$

$=1\dfrac{28}{20}-1\dfrac{15}{20}=\dfrac{13}{20}$ (m)

3 $\dfrac{3}{4}$ L

≫考え方 $3-\left(1\dfrac{1}{2}+\dfrac{3}{4}\right)=3-1\dfrac{5}{4}$

$=\dfrac{12}{4}-\dfrac{9}{4}=\dfrac{3}{4}$ (L)

㊽ 時間と分数 48ページ

1 ❶ $\dfrac{1}{60}$ 時間 ❷ $\dfrac{1}{12}$ 時間

　 ❸ $\dfrac{1}{6}$ 時間

2 ❶ $\dfrac{1}{4}$ 時間 ❷ $\dfrac{2}{3}$ 時間

　 ❸ $\dfrac{8}{5}$ 時間 $\left(1\dfrac{3}{5}$ 時間$\right)$

　 ❹ $\dfrac{3}{4}$ 分 ❺ $\dfrac{7}{5}$ 分 $\left(1\dfrac{2}{5}$ 分$\right)$

㊾ 図形の角 ① 49ページ

1 ❶ 70° ❷ 55° ❸ 35°
❹ 110°

2 ❶ 30° ❷ 80°

(50) 図形の角 ② 50ページ

1 ❶ 105° ❷ 75°

2 ❶ 90° ❷ 120°
❸ 80° ❹ 100°

»考え方 四角形の4つの角の大きさの和は360°です。

(51) 図形の角 ③ 51ページ

1 ❶ 130° ❷ 65°

2 ❶五角形 ❷ 3個 ❸ 540°

3 900°

»考え方 七角形は，1つの頂点から対角線をひくと，5個の三角形に分けられます。
180°×5=900°

(52) 面積の求め方 ① 52ページ

1 ❶ 2 cm ❷ 3 cm

2 ❶ 12 cm^2 ❷ 77 cm^2 ❸ 18 cm^2

»考え方 ❶ 4×3=12(cm^2)
❷ 7×11=77(cm^2)
❸底辺が3 cm，高さが6 cmの平行四辺形です。3×6=18(cm^2)

3 4.5 m

»考え方 27÷6=4.5(m)

(53) 面積の求め方 ② 53ページ

1 ㋓

2 ❶ 4 cm^2 ❷ 14 cm^2 ❸ 20 cm^2

»考え方 ❶ 4×2÷2=4(cm^2)
❷ 7×4÷2=14(cm^2)
❸ 8×5÷2=20(cm^2)

3 10 cm

»考え方 この三角形の面積は，
6×8÷2=24(cm^2) 辺BCを底辺□cmとみると，□×4.8÷2=24 □=10

(54) 面積の求め方 ③ 54ページ

1 ❶ 49 cm^2 ❷ 33 cm^2 ❸ 24 cm^2
❹ 7.5 cm^2 ❺ 35 cm^2

»考え方 ❶(4+10)×7÷2=49(cm^2)
❷(8+3)×6÷2=33(cm^2)
❸ 8×6÷2=24(cm^2)
❹ 5×3÷2=7.5(cm^2)
❺ 10×7÷2=35(cm^2)

2 12.5 cm^2

»考え方 正方形をひし形と考えて，
5×5÷2=12.5(cm^2)

(55) 面積の求め方 ④ 55ページ

1 ❶ 21 cm^2 ❷ 20 cm^2

»考え方 ❶ 6×4÷2=12(cm^2)
6×3÷2=9(cm^2) 12+9=21(cm^2)
❷(2+5)×4÷2=14(cm^2)
3×4÷2=6(cm^2) 14+6=20(cm^2)

2 4 cm^2

»考え方 4×3÷2−4×1÷2=4(cm^2)

3 66 m^2

»考え方 (13−2)×6=66(m^2)

(56) 面積の求め方 ⑤ 56ページ

1 ❶(左から) 8，12，16，20
❷ 2倍，3倍，…になる
❸比例 ❹ 8×□÷2=○

2 3倍

»考え方 高さが6 cmで等しく，底辺が3倍なので，面積も3倍になります。

(57) 平　均① 　57ページ

1　7.5点

考え方 (6+9+7+8)÷4=7.5(点)

2　3人

考え方 (4+0+3+6+2)÷5=3(人)

3　❶90g　❷4.5kg

考え方 ❶(89+93+87+91+90)÷5=90(g)
❷90×50=4500(g)
4500g=4.5kg

(58) 平　均② 　58ページ

1　6点

考え方 8×3=24(点)
4.5×4=18(点)
(24+18)÷7=6(点)

2　❶71kg　❷14.2kg

考え方 ❶15.1×2=30.2(kg)
13.6×3=40.8(kg)
30.2+40.8=71(kg)
❷71÷5=14.2(kg)

3　100点

考え方 75×4=300(点)
80×5=400(点)
400−300=100(点)

(59) 平　均③ 　59ページ

1　❶0.65m　❷約470m

考え方 ❶13÷20=0.65(m)
70
❷0.65×720=468(m)

2　❶12g　❷312g

考え方 ❶(8+14+11+13+16+10)÷6=12(g)
❷300+12=312(g)
このように，300gをこえる重さの平均を先に求めると，計算がかんたんです。

(60) 単位量あたりの大きさ① 　60ページ

1　❶北町公園…3 m^2
南町公園…2.9 m^2
❷北町公園…約0.33人
南町公園…約0.34人
❸北町公園

考え方 ❶45÷15=3(m^2)
58÷20=2.9(m^2)
❷15÷45=0.333…(人)
20÷58=0.344…(人)

2　B

考え方 金魚1ぴきあたりの水の量を比(くら)べます。A…5.2÷13=0.4(L)
B…5.6÷16=0.35(L)

(61) 単位量あたりの大きさ② 　61ページ

1　❶300人　❷200人
❸約240人

考え方 ❶48000÷160=300(人)
❷51000÷255=200(人)
❸(48000+51000)÷(160+255)
40
=238.5…(人)

2　約120000人

20
考え方 320×360=115200(人)

(62) 単位量あたりの大きさ③ 　62ページ

1　❶0.55kg　❷約0.54kg
❸A

考え方 ❶330÷600=0.55(kg)
❷520÷960=0.541…(kg)

2　❶108km　❷22L

考え方 この自動車は1Lあたり
72÷6=12　12km走ります。
❶12×9=108(km)
❷264÷12=22(L)

(63) 速　さ①　63ページ

1 ❶分速 65 m　❷時速 54 km
❸秒速 205 m

2 ❶ 360　❷ 15　❸ 800
❹ 25

(64) 速　さ②　64ページ

1 ❶ 270 km　❷ 550 m
❸ 1.7 km　❹ 90 km
❺ 720 m

考え方 道のり＝速さ×時間　の公式にあてはめて求めます。

(65) 速　さ③　65ページ

1 ❶ 6 時間　❷ 2 時間 30 分
❸ 25 分

考え方 時間＝道のり÷速さ　で求めます。
❸は単位をそろえて，3 km=3000 m
3000÷2=1500(秒)　1500 秒＝25 分

2 ❶分速 180 m　❷ 45 分

(66) 速　さ④　66ページ

1 7 分 30 秒

2 3 秒

考え方 橋をわたり始めてからわたり終わるまでに列車は 40+35=75(m)進みます。75÷25=3(秒)

3 ❶ 30 個　❷ 40 個　❸機械B

(67) 割　合①　67ページ

1 ❶ 2.25 倍　❷ 0.8 倍

2 ❶ 0.3　❷ 1.8

3 ❶ 5.5　❷ 0.32

(68) 割　合②　68ページ

1 ❶ 75%　❷ 7 割 5 分　❸ 0.6
❹ 6 割　❺ 0.15　❻ 15%
❼ 0.223　❽ 2 割 2 分 3 厘(りん)

2 ❶ 2 割　❷ 80%　❸ 3 割 5 分
❹ 125%

(69) 割　合③　69ページ

1 ❶ 26 cm　❷ 104 cm

2 0.6 L

考え方 2×0.3=0.6(L)

3 69 人

考え方 46×1.5=69(人)

4 1275 円

考え方 1500×0.85=1275(円)

(70) 割　合④　70ページ

1 ❶ 300　❷ 120

考え方 ❶□×0.3=90
□=90÷0.3=300　❷□×1.25=150
□=150÷1.25=120

2 ❶□×0.6=21　❷ 35 人

3 950 円

考え方 持っていたお金を□円とすると，
□×0.8=760
□=760÷0.8=950(円)

(71) 割　合⑤　71ページ

1 ❶ 2640 円　❷ 2640 円

考え方 ❶ 3300×0.2=660(円)
3300−660=2640(円)
❷ 3300×(1−0.2)=2640(円)

2 420 g

考え方 350×(1+0.2)=420(g)

3 10人

>>>考え方 文化部の人数は，
125×0.4＝50（人）
50人の20％は，50×0.2＝10（人）

⑦ 割合のグラフ ① 72 ページ

1 ❶ ⑦32％ ⑦16％
⑦10％ ・①6％

❷3.2倍 ❸$\frac{1}{2}$

>>>考え方 ❷32÷10＝3.2（倍）

⑦ 割合のグラフ ② 73 ページ

1 ❶ ⑦40 ⑦17 ⑦13

❷ A市の土地利用

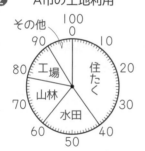

❸ A市の土地利用

住たく	水田	山林	工場	その他

0 10 20 30 40 50 60 70 80 90100%

⑦ 割合のグラフ ③ 74 ページ

1 ❶65才〜 ❷0〜14才

❸ よくない

❹ 割合の変化がわかるように
するため

>>>考え方 ❸ 全体の人口がちがえば，同じ
割合でも同じ人口にはなりません。

㊄ 正多角形 ① 75 ページ

1 ❶正五角形 ❷72°
❸二等辺三角形 ❹108°

2

㊅ 正多角形 ② 76 ページ

1 ⑦, ①

2

㊆ 円のまわりの長さ ① 77 ページ

1 ❶12.56 cm ❷18.84 cm
❸15.7 cm

>>>考え方 円周＝直径×3.14（円周率）で
求めます。

2 ❶ 7.14 m ❷ 31.4 cm

≫考え方 ❶ 2×2×3.14÷4＝3.14(m)
2×2＋3.14＝7.14(m)
❷ 5×2×3.14÷2＝15.7(cm)
5×3.14÷2×2＝15.7(cm)
15.7＋15.7＝31.4(cm)

---

⑦⑧ **円のまわりの長さ ②**　　78ページ

1 ㋐ 25.12　㋑ 3.14
　㋒ 8　㋓ 8

2 約 2.4 cm

3 約 44.6 m

≫考え方 300－80×2＝140(m)
140÷3.14＝44.5̇8…(m)

---

⑦⑨ **円のまわりの長さ ③**　　79ページ

1 ❶ ㋐ 6.28　㋑ 12.56
　㋒ 15.7
❷ 3.14 cm
❸ 2 倍，3 倍になる
❹ 比例　❺ □×3.14＝○
❻ 94.2 cm

---

⑧⓪ **角柱と円柱 ①**　　80ページ

1 ❶四角柱　❷円柱　❸五角柱

2 ㋐底面　㋑側面　㋒頂点　㋓辺
㋔高さ

3 ❶ 12　❷ 18　❸ 6

---

⑧① **角柱と円柱 ②**　　81ページ

1 ❶三角柱　❷㋑，㋒
❸ 6 cm　❹㋒

---

2 ❶四角柱　❷点 E，点 G
❸辺 MN

---

⑧② **角柱と円柱 ③**　　82ページ

1 ❶ 0.5 cm　❷ 1.5 cm
❸ 3.14 cm

≫考え方 辺 AB の長さは，底面の円周の長
さと等しくなります。

2 （例）

---

⑧③ **いろいろな問題 ①**　　83ページ

1 ❶

2月	3月	4月
4600	4900	5200
1400	2100	2800
3200	2800	2400

❷ 4000 円　❸ 400 円
❹ 10 月

≫考え方 4000÷400＝10(か月)
10 か月後の 10 月に，2 人の貯金の金額
が等しくなります。

---

⑧④ **いろいろな問題 ②**　　84ページ

1 ❶ (左から) 3, 5, 7, 9
❷ 2 本　❸ 1＋2×□
❹ 21 本　❺ 20 個

≫考え方 ❺ 1＋2×□＝41　2×□＝40
□＝40÷2＝20